박애희

삶이란 자기가 자신에 관해 만들어가는 이야기라고 믿는 사람.

한때는 라디오 작가로, 현재는 에세이 작가로, 살아온 시간의 반을 '쓰는 사람'으로 살았다.

오랜 글쓰기 경험을 토대로 〈쓰기의 책장〉 모임을 운영하고 있다. 작가의 다정한 질문과 피드백을 받으며 글을 쓴 회원 다수가 수필 공모전에 입상하거나 브런치 작가에 합격했고, 출판사 투고에 성공하며 에세이 작가로 데뷔했다.

서로를 알고 싶고 이해하고 싶은 사랑하는 마음으로, 더 많은 사람이 함께 읽고 쓰며 삶의 의미를 발견하기를 꿈꾼다.

《엄마에게 안부를 묻는 밤》《어린이의 말》《견디는 시간을 위한 말들》《인생은 언제나 조금씩 어긋난다》 등의 책을 썼으며 《삶은 문장이 되어 흐른다》는 작가의 여덟 번째 책이다.

인스타그램   @opening_letterbook

디자인 **백은주**

삶은 문장이 되어 흐른다

삶은 문장이 되어 흐른다

박애희
지음

내
삶의
소중한

순간들을
엮은

단
하나의
앤솔러지

청림Life

한 그루의 나무가 모여 푸른 숲을 이루듯이
청림의 책들은 삶을 풍요롭게 합니다.

"생의 의미를 찾기 위해 빈 페이지 앞에 선 당신에게

그리고, 삶을 나누고 글을 쓰며
책의 영감이 되어준 〈쓰기의 책장〉 글벗들에게"

우리는 누구나 이야기가 된다

"내가 살아온 이야기를 글로 쓰면 책 한 권으로도 모자랄걸."

오랜 세월을 지나온 어른들이 인생을 돌아볼 때 심상하게 하시던 이야기를 한 번쯤 들어보셨겠지요. 어릴 때는 그저 흘려듣던 이 말의 뜻을 이제는 아는 나이가 되었습니다. 각자의 시간을 살아내는 동안 누구에게나 크고 작은 기쁨과 슬픔과 고통과 보람과 회한이 찾아온다는 걸 세월을 통해 헤아리게 되었기 때문이지요. 평범하면서도 중요한 삶의 진실을 처음 배운 건 '라디오'였습니다. 이십 대와 삼십 대에 라디오 프로그램에서 작가로 일을 했는데요. 라디오 작가가 하는 일 중에 반은 청취자들이 프로그램 앞으로 보낸 사연을 읽는 거였어요. 전국 각지에서 도착한, 삶의 희로애락이 담긴 다양한 사연을 10년 넘게 하루도 빠짐없이 읽으며 울고 웃는 동안, 어려움이 없는 삶은 없고 누구나 고군분투하며 생의 대부분을 보낸다는 사실을 귀하게 배웠습니다. 모든 사람에게는 존경할 만한 점이 있고 사람들은 각자의 방식대로 아름답다는 것도 그때 깨달았지요. 그래서 저는 헤르만 헤세의 이 문장에 마음 깊이 감응하지 않을 수가 없습니다.

"한 사람 한 사람은 그저 그 자신일 뿐만 아니라 일회적이고, 아주 특별하고, 어떤 경우에도 중요하며, 주목할 만한 존재이다. 세계의 여러 현상이 그 존재에게서 오직 한 번 서로 교차되며, 다시 반복되는 일이 없는 단 하나의 점이다. 그렇게 한 사람 한 사람의 이야기가 중요하고, 영원하며, 신성한 것이다."●

　이 세상에 배경으로 존재하는 사람은 없습니다. 우리는 누구나 '하나뿐인 삶'이라는 작품을 만들어가는 작가이자 주인공이니까요. 겸손한 우리들은 자주 내 인생은 별거 없다고, 평범하다고 말하지만, 누군가와 깊이 대화하다 보면 한 편의 영화나 드라마 이상으로 마음을 울리는 서사가 저마다의 인생에 흐르고 있다는 걸 자주 깨닫게 되잖아요. 하지만 우리의 많은 이야기들이 ― 생의 기쁨을 느끼던 소박한 순간들부터 굳은살이 되어버린 묵은 상처, 열정과 환희로 빛나던 아름다운 시간, 차마 말로 할 수 없었던 슬픔까지 ― 세월에 떠밀려 흩어집니다.

　아프리카 속담에 '노인이 죽으면 도서관 하나가 사라진다'는 말이 있다는데, 한 사람 한 사람이 살면서 지은 이야기들은 다 어디로 가는 걸까요. 필멸자(必滅者)인 인간의 운명을 생각하면 늘 헛헛하고 안타까운 마음이 됩니다. 어쩌면 그 마음이 이 책의 시작이었는지도 모르겠습니다. 어떤 삶도 묻히지 않았으면 하는 마음. 우리가 삶으로 빚은 세상에 단 하나뿐인 이야기들이 계속해서 흘러갔으면 하는 마음. 이 책을 쓰는 내내 품은 바람도 바로 그것이었습니다.

●　《데미안》, 헤르만 헤세, 전영애 옮김, 민음사, 2000.

그 바람의 씨앗이 된 노트가 하나 있습니다. 제 방 책장 한쪽에 꽂힌 엄마의 (생전 흔적이라고 할 수 있는) 영어 노트인데요. 오십 대의 엄마가 문화센터에서 영어를 배우며 노트에 쓴 단정하고 촘촘한 영어 필기체를 볼 때마다 애틋한 마음으로 제가 알지 못한 엄마의 시간을 그려봅니다. 엄마는 어떤 마음으로 뒤늦게 영어를 배웠던 것일까. 이 무렵 엄마의 소망은 무엇이었을까. 더할 수 없이 사랑했던 엄마이지만 저는 엄마가 어떤 삶을 사시다 가셨는지 전부를 알지 못합니다(저뿐만이 아니라 많은 분들이 그렇겠지요). 60년 남짓한 엄마의 인생에서 제가 알고 있는 것이 너무 없다는 것을 깨달을 때면 서글퍼집니다. 못다 한 이야기와 더 나누었어야 할 이야기들이 아깝고 아쉬워서. 그때마다 별수 없이 하는 혼잣말이 있어요. "이 영어 노트가 엄마의 다이어리라면 좋을 텐데."

고(故) 김진영 철학자가 왜 글쓰기는 나를 위한 것이 아니라 내가 떠난 뒤 남겨질 이들을 위한 것이라고 했는지 이제 저는 온 마음으로 이해할 수 있습니다. 그렇기에 누군가 내 삶을 왜 기록해야 하느냐고 묻는다면 먼저 이런 말씀을 드리고 싶어요. 내 삶을 가장 잘 아는 사람은 나 자신이고, 나의 마음과 사유가 담긴 이야기는 그것이 한 줄의 일기라고 해도, 작고 사소한 메모일지라도, 사랑하는 이들에게 언젠가 가장 큰 선물로 남는다고. 그래서 오늘도 저는 당신께 권합니다. 바로 지금 (나이가 많건 적건, 죽음이 멀리 있건 그렇지 않건 상관없이) 당신의 이야기를 시작하기를, 계속해서 그 이야기를 써나가기를. 내 삶을 쓴다는 것은 언젠가 사라질 인간의 숙명을 극복하며 생의 의미를 찾는 일. 각자의 이야기가 가슴속에 묻히지 않고 누군가의 마음에 하나의 의미로 남아 영원하기를 저는 소망합니다. 제가 사랑하는 이들에게 바랐던 것처럼.

나만의 이야기를 기록하기로 마음먹어도 빈 노트나 모니터를 보면 어디서부터 어떻게 이야기를 시작해야 할지 막막한 기분이 든다는 걸 잘 알고 있습니다. 어떻게 하면 이야기의 물꼬를 쉽게 틀 수 있을까요? 우리가 누군가와 처음 만나 대화를 나누는 상상을 하면 바로 답이 나옵니다. 어색하고 낯선 분위기에서 대화를 시작하려면 무엇보다 먼저 '질문'이 필요하잖아요. 어떤 질문을 서로에게 하느냐에 따라 이야기의 방향과 분위기도 결정되고요. 글도 다르지 않습니다. 우리가 만나는 모든 책과 이야기 또한 작가들이 살면서 받은 질문에 대한 사려 깊고 성실한 답이라고 할 수 있지요.

이 책에는 우리만의 이야기를 찾기 위한 질문들이 담겨있습니다. 흩어진 기억과 삶의 조각을 모으기 위한 질문을 고민하면서 기준으로 삼은 것은 단 하나였어요. '사랑.' 내가 사랑하는 사람으로부터 진실로 알고 싶은 것은 무엇일까. 그와 언젠가 헤어져야 한다면 끝끝내 묻고 싶은 것은 무엇일까. 사랑하는 사람을 내내 궁금해하는 마음으로 깊이 고민하며 만든 질문들이 삶의 문장으로 쓰여 저마다의 이야기를 만들어내기를 기대합니다. 혼자가 되어 인생의 질문에 답하며 글을 쓰는 시간이 혹여 외로울까, 라디오 오프닝

멘트처럼 마음을 건넨 '에세이'와 훌륭한 작가들의 삶에 관한 문장을 담은 '필사하는 밤' 페이지도 쓰는 여정에 다정한 격려가 된다면 좋겠습니다.

글을 쓰는 당신의 삶을 상상합니다. 그 삶에는 자정의 고요함과 푸른 새벽의 서늘함 사이에서 떠오른 오래된 기억이, 아침 출근길의 분주함 사이에서 건진 일상의 사유가, 종일 귓가를 떠나지 않는 아이들의 '엄마, 엄마' 하는 부름 사이에서 잃지 않은 오롯한 자아가, 오래전 상처와 분투하며 끝내 나아가려는 의지가 있습니다. 당신만의 삶과 체온이 담긴 이야기로 이 책 한 권을 완성했을 때 어떤 마음이 들까요. 당신이 생각하는 것보다 더 깊고 크고 다채로운 자신을 만나며 당신이 지을 표정을 저는 볼 수 없겠지만, 한 가지 사실은 분명히 알고 있습니다.

당신의 이야기가 끝내 고유하게 아름다우리라는 것.

문장으로 흐를 당신의 삶을 기다리며, 이제 저는 바랍니다.

당신이 소중하다는 것을

당신이 그 누구도 가져다줄 수 없는 것을

이 세상에 안겨주었음을 항상 기억하기를.●

● 《소년과 두더지와 여우와 말 애니메이션 스토리》, 찰리 맥커시, 이진경 옮김, 상상의힘, 2024.

누군가는 강가에 앉으려고 태어나고
누군가는 번개를 맞고
누군가는 음악에 조예가 깊고
누군가는 예술가이고
누군가는 수영을 하고
누군가는 단추를 만들고
누군가는 셰익스피어를 읽고
누군가는 그냥 엄마다
그리고 누군가는, 춤을 춘다

_ 영화 〈벤자민 버튼의 시간은 거꾸로 간다〉 속 벤자민의 마지막 독백

차례

• 프롤로그 •

우리는 누구나 이야기가 된다
006

• 1장 •

나
홀로 고요히 선명하게
014

• 2장 •

순간
이 소중한 것들이 사라지기 전에
056

• 3장 •

사람
언제나 지금 여기 우리 함께
098

· 4장 ·

추억

옛날은 가는 게 아니라 자꾸 오는 것

134

· 5장 ·

취향

고독한 세계에서 우리가 사랑한 것들

172

· 6장 ·

대화

멈춰서 귀를 기울이면

214

· 7장 ·

희망

최고의 순간은 아직 오지 않았다

256

1장

나

홀로 고요히 선명하게

잘 지내고 있나요?

이 안부 인사에 당신은 이런 대답을 할까요? 네, 뭐. 잘 지내요, 그럭저럭. 그럼, 저는 몇 글자를 보태 이렇게 묻고 싶어질 거예요. '나'와는 어때요? '나 자신'과 사이가 좋은 편인가요?

굳이 이런 질문을 하는 이유가 있습니다. 내 인생의 처음부터 끝까지 함께할 유일한 존재는, 가족도 친구도 동료도 아닌 바로 '나 자신'이기 때문이에요. 친구와 틀어져도 며칠 동안 속이 곪고, 배우자와 냉전 중일 때도 내내 마음이 불편한데, 하물며 평생 함께 해야 할 나 자신과 불화한다면 내 삶이 편안하고 행복할 리가 없으니까요.

생각보다 많은 사람이 자신과 잘 지내는 일을 어려워합니다. 그 이유의 한가운데에는 '인정받고 사랑받고 싶은 마음'이 있다고 생각해요. 가족이, 친구가, 연인이, 세상이 나를 이해해 주고 알아줬으면 하는 마음은 자연스러운 거고 나쁜 것도 아니지요. 때로는 인정 욕구가 더 나은 사람이 되고 싶은 마음을 불러일으켜 성장의 동력이 되기도 하고요. 문제는 세상의 잣대와 기준에 지나치게 휘둘리다 자칫 인생의 방점이 나 아닌 타인에게 찍힌다는 데 있습니다. 이렇게 되면 좀처럼 자신에게 만족할 수가 없게 돼요. "내가 누구든 어떤 환경에서 자랐든 무엇을 믿든 상관없이, 우리는 누구나 자신이 부족하고, 충분히 갖지 못했고, 완전히 소속되지 못했다는 생각"●과 계속 싸울 수밖에 없으니까요. 우리가 한 번씩 '자기 자신'을 미워하고 아프게 느끼며 힘들었던 것도 현실과 이상의 괴리를 좁히고 싶은 마음에 스스로를 계속해서 닦달하고 다그쳤기 때문은 아닐까요. 그런 나와 갈등하는 날은 오고 또 올 거예요. 세상과 부대끼며 살아가다 보면 자기 존재에 대한 회의가 수시로 오게 마련이니까요.

그때마다 나와 어떻게 화해하고 다시 잘 지내야 할까요.

저는 가끔 이런 상상을 해요. 지금 내 곁에 나를 사랑하는 사람이 있다면, 그는 내게 어떻게 해주고 싶을까. 나를 가장 사랑하는 존재에게 기대하는 방식으로 내가 나를 대하기로 다짐하면 언제나 다정하게 이렇게 말해주고 싶어집니다. '모든 사람에겐 그저 그 자신이어서 아름다운 이유가 분명히 있어. 홀로 고요히 선명하게, 네가 너에 대해 묻기만 한다면 너도 그 사실을 깨닫게 될 거야.' 이것은 글을 쓰는 사람이라면 누구나 알고 있는 인생의 비밀이기도 합니다. 세상과 사람들에 휘둘려 나 자신이 흐려지는 날, 어두운 방에 스탠드 불을 켜고 책상에 앉아 연필이 쓱쓱 지나가는 소리나 투둑투둑 키보드 소리를 들으면 당신도 확인하게 될 거예요. 나의 고통과 혼란과 경이와 행복을 붙잡고 나를 내 방식대로 표현할 수

● 《수치심 권하는 사회》, 브레네 브라운, 서현정 옮김, 가나출판사, 2019.

있을 때, 나는 그 누구도 아닌 고유한 나 자신이 되어간다는 것을. 그 순간, 우리는 비로소 단독자로서의 나를 느끼며 내가 존재하는 의의를 찾게 될 거라 믿습니다. 1장에 준비한 '나'에 대한 열다섯 개의 질문들이 그 여정에 사려 깊은 벗이 되길 바라고 있어요.

 고즈넉한 새벽과 눈부신 한낮과 깊고 외로운 밤 어딘가를 맴돌며 만날 나를 기대해 주세요. 용감한 나, 어리석은 나, 좌절하는 나, 기뻐하는 나, 절망하는 나, 분노하는 나, 슬퍼하는 나, 사랑하는 나…. 그 모든 나의 마음을 헤아린다는 것은 인생의 내비게이션을 갖는 일. 그것을 가진 사람과 갖지 못한 사람의 인생은 분명 다를 테니, 언젠가 길을 잃더라도 우리는 다시 길을 찾아 멋진 여행을 계속할 겁니다.

◑ 책을 시작하며, 세상에 하나뿐인 소중한 나에게 내가 가장 해주고 싶은 말을 한마디 적어주세요.

✱ 나 자신을 존중하기 위한 질문

아이들은 자라면서 누구나 한 번씩 이렇게 묻습니다.

"엄마는 내가 나중에 커서 뭐가 되면 좋겠어?"

내가 무엇을 할 수 있고 무엇을 좋아하는지 알고 싶은 마음과 세상에서 가장 사랑하는 사람의 바람을 확인하고 싶은 마음이 섞인 아이의 질문에 저는 언젠가부터 이런 대답을 하고 있어요.

"네 마음이지. 네가 되고 싶은 사람이 돼. 아니, 그냥 네가 되면 돼."

내가 원하는 대로가 아닌 타인의 바람을 좇아 살다 뒤늦게 자신의 삶을 찾으려는 분들의 이야기를 어쩌다 한 번씩 들을 때마다 생각합니다. '인생이란 본래의 나를 찾아가는 여정이라고 현자들이 입을 모아 말한 이유가 있었구나.'

그럼, '나다움'은 어떻게 찾아야 하는 걸까요? 많은 답이 있겠지만, 우리가 원하는 인생에 집중하기 위해 작가 무라카미 하루키의 조언을 기억하고 싶습니다. 인생에 "무엇이 꼭 필요하고 무엇이 별로 필요하지 않은지, 혹은 전혀 불필요한지"를 알기 위해 먼저 이렇게 물어야 한다는 말. "그것을 하고 있을 때, 당신은 즐거운가?"●

때때로 살아내는 것 자체가 버거워 저만치 밀어두었던 이 질문을 오늘은 외면하지 않았으면 합니다.

- ●《직업으로서의 소설가》, 무라카미 하루키, 양윤옥 옮김, 현대문학, 2016.

● 나는 어떤 사람인지, 인생에서 무엇을 원하고 어떤 의미를 찾기를 바라는지 아는 일은 생각보다 단순한 질문에서 출발할 수 있습니다. 그래서 당신에게 첫 번째로 묻고 싶은 질문은 이겁니다. 지난 1년 동안, 무엇을 할 때 가장 즐거웠나요? 그때 당신은 어떤 표정을 짓고 있었는지도 적어주세요.

✳ 마음의 그늘에 등불을 비추는 순간

어떤 반복은 우리를 무척 지치게 합니다. 아이가 어릴 때 홀로 육아하던 시간이 제게는 그랬습니다. 먹이고 재우고 씻기는 돌봄의 일상이 반복되던 시간. 말랑하고 포근한 아이를 안는 일이 행복하고 감사하면서도, 종일 한 말이 아이와 나눈 옹알이 대화가 전부라는 걸 깨닫고 나면 자주 마음에 허기가 일었습니다. 내가 삶을 이끄는 게 아닌 삶이 나를 끌고 가는 듯한 느낌이었어요.

그 무렵의 우울이 물러가기 시작한 건 아이가 어린이집을 가 아무도 없는 시간에 노트북을 열고 다시 글을 쓰면서부터였습니다. 우울의 이유는 사람마다 다양하겠지만, 그 마음의 밑바닥까지 내려가 보면 주체적으로 살고 싶다는 열망의 좌절이 있을지도 모르겠습니다. '사는 대로 생각하지 않고 생각하는 대로 살고 싶은 마음'이 억눌렸기에 우리의 마음이 때때로 그토록 힘들었던 건 아닐까요.

살다가 내 안의 심연에서 허덕이는 날이 찾아오면 마음의 그늘에 불빛을 비추기를 바랍니다. 내 우울과 공허의 이유를 내가 나의 다정한 친구가 되어 들어주기를 바랍니다. 그 순간, 뒷걸음질만 치는 것 같던 인생이 조금씩 앞으로 나아가기 시작할 겁니다.

우울증으로 병원을 찾는 분들이 해마다 증가해 국내 우울증 환자 수만 100만 명이 넘는다고 하는데요.* 혹시 최근 몇 년간 우울감을 느낀 적이 있나요? 우울의 원인은 무엇이었고 어떻게 그 시간을 지나왔는지 기록해 보세요.

* 2022년 기준, 건강보험평가심사원 통계.

✳ 내 영혼의 피난처, 퀘렌시아

가끔 드라마나 영화를 보면 상사에게 실컷 깨지거나 실연을 당한 주인공이 옥상이나 비상구 계단에서 소리를 지르거나 쭈그리고 앉아 한참 우는 장면이 나옵니다. 그때마다 저는 오래전 방송국에서 일하던 시절, 사무실 한층 아래 복도 구석에 있던 낡은 소파를 떠올립니다. 일하다가 몸과 마음이 힘든 날이면 자주 그 소파를 찾았어요. 너무 오래돼서 한쪽 쿠션이 푹 꺼지고 가죽도 벗겨진 소파에 몸을 기댄 채 동료나 선배에게 넋두리를 늘어놓거나 깊은 한숨을 뱉어내고 나면, 다친 마음을 어느 정도 털어내고 다시 일어설 수 있었습니다.

류시화 작가의 책《새는 날아가면서 뒤돌아보지 않는다》에는 투우사와 싸우다 지친 소가 숨을 고르며 기운을 되찾아 다시 싸울 힘을 찾는, 소만 아는 구역에 대한 이야기가 나옵니다. 그 자리를 스페인어로 '애정, 귀소, 본능, 안식처'라는 뜻을 가진 '퀘렌시아'라고 부른다는데요. 사람들이 찾는 옥상과 비상구 계단, 저의 낡은 소파도 마음을 회복하는 퀘렌시아가 아니었을까 생각합니다.

세상을 살아가다 보면 종종 마음을 다치고 무릎이 꺾이는 일이 생깁니다. 어떻게 나한테 그렇게 말할 수가 있지. 언제까지 어떻게 버틸 수 있을까. 쓰라린 물음표가 삶에 찾아오는 걸 막을 수는 없겠지만, 대신 그때마다 찾아갈 저마다의 퀘렌시아가 누구에게나 있기를. 그 안에서 눈물을 훔치고 숨을 크게 쉰 다음 다시 세상에 나올 때는 더 좋은 일이 가득하기를 빕니다.

◐ 류시화 작가가 말했듯 모든 생명에게는 "세상의 위험으로부터 자신이 안전하다고 느끼는 곳"•이 필요합니다. 당신에게 나만의 안식처이자 피난처는 어디이며, 그곳에서 주로 무엇을 하면서 마음을 회복하나요?

• 《새는 날아가면서 뒤돌아보지 않는다》, 류시화, 더숲, 2017.

✳ 민낯의 나에게

아이들은 그때그때의 감정이 얼굴에 다 드러납니다. 기분이 좋지 않거나 불만이 있을 때는 볼부터 부어오르고 평소보다 입술은 두 배쯤 나오고요. 좋고 신나는 일이 있을 때는 어떤가요. 원래도 빛나던 눈이 더 반짝거리고, 온몸을 들썩이느라 얼굴도 발그레해집니다.

반면에 어른들은 좋고 싫은 감정을 표정 뒤에 감추며 살아갑니다. 관계를 위해, 자존심을 위해, 인정받기 위해 모두가 사회적 표정이라고 할 수 있는 '척'을 하는 거지요. 아이들보다 어른들이 고단한 건, 이 '수많은 척' 때문은 아닐까요. 약한 나를 들킬까 봐 강한 척 센 척을 하고, 혹 무시를 당할까 아는 척 있는 척을 하고, 누군가의 관심을 받고 싶어 약한 척을 하고, 좋은 인상을 주고 싶어 겸손한 척을 하고, 초라해지기 싫어 최선을 다하지 않은 척을 하고, 무너지고 싶지 않아서 행복한 척을 하려면 자신이 가진 것보다 더 많은 에너지를 쓸 수밖에 없겠지요.

고요히 혼자인 시간. 살기 위해 지었던 수많은 표정을 두꺼운 메이크업 지우듯 깨끗이 지우고 말간 얼굴의 나를 마주했을 때, 이런 말을 건넨다면 좋겠습니다.

오늘도 애썼어. 살아내느라 참 수고가 많았어.

◑ 민낯으로 살아가기 어려운 세상이라는 생각을 종종 합니다. 원하지 않아도 살기 위해 우리는 어떤 '척'을 하며 살아가죠. 당신이 평소에 가장 많이 하는 '척'이 있나요? 그렇게 하는 이유는 무엇인지도 곰곰 생각해 보면 좋겠습니다.

✷ 우리가 서로의 상처와 과오를 고백할 때

아직 수양이 덜 돼서 그런 걸까요? 고백하건대 옳고 예쁜 말들만 하는 이들을 몰래 의심할 때가 있습니다. 인생에 기쁨과 환희와 아름다움만 있지 않을 텐데 어떻게 사람이 내내 밝고 반듯할 수 있냐며 위선이 아닐까 삐딱하게 생각하는 건데요. 어쩌면 부족한 것투성이인 저 자신에 대한 자격지심일 수도 있습니다.

비슷한 이유로 너무 착하고 아름답기만 한 문장에도 그다지 끌리지 않습니다. 그보다는 못나고 부족하고 옹졸하고 절망하고 분노하는 자신을 고백하는 이야기에 더 마음이 가요. 부끄럽고 민망한 감정의 바닥까지 드러나는 이야기들을 읽고 있으면 때로는 어떤 해방감도 듭니다. 착하고 올바르고 위대해야만 할 것 같은 강박에서 벗어나는 기분이랄까요.

저는 오늘도 서로의 상처와 과오를 드러내는 이야기들을 기다립니다. 완벽한 사람은 없고 삶의 그늘은 누구에게나 있다는 것을 껴안기 위해서. 그렇게 인생을 조금 더 겸허한 마음으로 마주하기 위해서. 그리고 조금씩 내 이야기를 할 용기도 내봅니다. 초라하고 부족한 내 이야기가 누군가에게 한 줌의 위안이 될 수 있다면, 말하지 못할 게 무언가 싶습니다.

다른 사람에게는 관대하고 다정하면서도 우리는 정작 나 자신에게는 인색하고 모질게 굴 때가 있습니다. 혹시 당신도 자신을 싫어하고 미워했던 적이 있나요? 지금은 그때의 당신을 어떻게 생각하는지도 함께 써주세요.

✚ 필사하는 밤

바람은 언제나 당신의 등 뒤에서 불고
당신의 얼굴에는 해가 비추기를.
이따금 당신의 길에 비가 내리더라도
곧 무지개가 뜨기를.
(…)
앞으로 겪을 가장 슬픈 날이
지금까지 가장 행복한 날보다 더 나은 날이기를.
그리고 신이 늘 당신 곁에 있기를.

_ 인디언 켈트족의 기도문.

✱ 빈틈을 메우는 사랑

어린 시절을 떠올리면 생각나는 몇몇 장면 중 하나는 '텅 빈 집'입니다. 적막이 흐르던 방 한쪽 구석에 혼자 앉아 엄마가 간식으로 준비해 둔 오이나 카스텔라 같은 것을 오물오물 먹던 작은 아이는 딱히 울지도 불평하지도 않았지만, 그때 공기처럼 몸을 감쌌던 외로움은 세월이 흘러도 제 마음 어딘가에 남아있었던 모양입니다. 엄마가 되고 나서 먼저 한 다짐이 '항상 곁에 있어주는 엄마가 될 거야'였던 걸 보면 말이에요. 아이가 두세 살 때였나 다시 방송작가로 복귀할 기회가 왔을 때 고민 끝에 모두 고사하고 아이 곁에 있었던 것도 그런 이유가 아니었나 싶어요.

부모들의 양육 방식에는 어린 시절의 결핍에 대한 보상처럼 보이는 것들이 있습니다. 어려운 환경 때문에 공부를 끝까지 하지 못한 서러움에 살림이 아무리 쪼들려도 아이의 교육비는 아까워하지 않는다든지, 친구들 가족이 여행을 가는 모습을 부러워하던 어린 시절을 떠올리며 아이들과 철마다 부지런히 캠핑을 떠난다든지 하는 마음들. 그것이 육아에만 통하는 이야기는 아닐 거예요. 오늘도 어딘가에서 누군가는 오랜 인생의 결핍을 채우기 위해 부단히 어떤 노력을 하고 있겠지요. 그런 의미에서 우리들은 모두 결핍의 동지가 아닐까 하는 생각도 해봅니다.

● 작은 아이였을 때, 당신이 무척 원했지만 가질 수 없었던 것이 있겠지요. 만약 (마음이 통하는 형제자매나, 친척 집에 있던 피아노, 예쁘게 꾸며진 친구의 방처럼) 그때의 나에게 선물을 준다면 어떤 것을 가장 먼저 주고 싶나요?

✳ 어느 날의 청춘에게

"허구한 날 불려가고, 실수를 저지르고, 마음에 들지 않는 선택지 중에서 뭔가를 고르고, 매일 아침 우리가 얼마나 운이 좋은지 아느냐는 말이나 듣는다. 돌이켜 보면 악몽이 따로 없다!"●

프랑스의 소설가이자 철학자인 파스칼 브뤼크네르가 이십 대를 돌아보며 쓴 문장을 읽다가 청춘의 시간을 생각했습니다. 무엇이 될 수 있을지 한없이 나를 의심하고, 서툴고 부족해서 이리저리 채이고 깨지고, 그런 나를 사랑하는 일이 세상 무엇보다 힘들어서 자꾸만 몸과 마음을 작게 웅크리던 시간. 가장 빛나고 좋은 시간을 사니 얼마나 좋으냐는 눈빛으로 바라보는 어른들에게 도대체 무엇이 그리 좋았느냐고 되묻고 싶던 순간들.

이만큼의 시간을 건너와 보니, 그 시절 나를 가장 괴롭힌 것은 다름 아닌 조급함과 열등감이었다는 생각이 듭니다. 어물어물 시간을 보내다가 아무것도 되지 못할까 봐 마음의 여유도 느긋한 휴식도 허락하지 않은 채 잘나가는 누군가를 바라보며 동동거리는 데 많은 시간을 쏟느라 청춘의 저는 지금보다 퍽 고단했던 것도 같습니다. 화장도 지우지 못한 채 지쳐 쓰러져 잠들던 그때의 나를 떠올리니 그저 안쓰러운 마음이 들어서일까요. 시간의 뒤편에서라도 그때의 나에게 작은 응원의 메시지를 띄우고 싶어졌습니다.

'몸과 마음이 상할 정도로 애쓰지는 마. 네가 있어야 삶도 있어. 어떻게든 시간은 지나가고 시간은 늘 너의 편이 되어줄 거야. 그러니 너무 애쓰지 않아도 괜찮아. 너를 조금 더 사랑하고 아껴줘도 괜찮아.'

● 《아직 오지 않은 날들을 위하여》, 파스칼 브뤼크네르, 이세진 옮김, 인플루엔셜, 2021.

◑ 청춘은 어쩌면 인생에서 가장 힘겹고 혼란스러운 시절이 아닐까 생각합니다. 그때, 청춘의 시간을 사는 당신을 가장 괴롭히고 힘들게 한 것은 무엇이었나요? 그때의 당신에게 짤막한 응원의 메시지도 남겨주세요.

✸ 칭찬 연구원

칭찬받는 일을 좋아하세요?

　칭찬은 누구라도 좋아할 것 같은데, 꼭 그렇지는 않은 모양이에요. 《칭찬이 불편한 사람들》이라는 책을 보면 타인 앞에서 '칭찬'과 '주목' 받는 걸 무척 불편하게 생각하는 2030 세대 이야기가 나오는데요. 자기의식이 강한 MZ 세대는 무엇보다 타인의 시선과 평가에서 자유롭기를 원하기 때문에, 자신이 겉으로 온전히 드러나는 것을 싫어한다고 해요. 저자는 이를 사회적 관계에 구속당하는 것을 피하고 싶은 심리적 방어기제로 해석하기도 했습니다.●

　의외의 이야기를 읽으며 칭찬받던 순간들을 돌아보니, 모든 칭찬이 같은 결로 다가오지 않았다는 걸 알게 됐어요. 어린 시절 무심히 들었던 "참 착하네" 하는 이야기들이 언젠가부터는 매번 착하게만 행동해야 할 것 같은 부담으로 다가왔고, "○○ 씨가 잘하니까…" 하며 은근슬쩍 일을 떠맡기는 상대 때문에 마음이 불편했던 적도 있었습니다.

　그 반대의 경우도 물론 있었지요. 부담이나 거부감이 전혀 느껴지지 않는, 마음을 흡족하고 편안하게 만들어주는 칭찬들. 나를 향한 칭찬 하나하나에 내가 어떻게 반응하는지, 어떤 마음인지 섬세하게 들여다보면 내가 타인으로부터 원하는 것은 무엇인지, 내가 바라는 삶의 모양과 빛깔이 무엇인지 알게 됩니다. 더 선명한 나를 만나기 위해 오늘은 칭찬 연구원이 되어봐야겠습니다.

● 《칭찬이 불편한 사람들》, 가나마 다이스케, 김지윤 옮김, 포레스트북스, 2024.

● 살면서 받은 칭찬 중에 내 마음을 만족스럽고 편안하게 만들어준 칭찬이 있다면 무엇일까요? 나는 어떤 이유로 그 칭찬을 좋아했는지도 같이 생각해 보세요.

✳ 내가 하지 못하는 걸 하는 당신에게

차곡차곡 쌓이는 세월 앞에서 어느 날, 장탄식과 함께 이런 말을 한 적 없으신가요?

"이 나이를 먹도록 잘하는 게 하나도 없나."

검색창에 '이 나이를 먹도록'만 쳐봐도 한숨과 고민이 섞인 사연들이 넘치게 나옵니다. 그런데 사실 알고 있지 않나요? 세상에 장점 없는 사람은 없고, 누구나 잘하는 게 있다는걸.

그 말을 증명하듯, 때때로 평범해 보이는 사람들의 놀라운 능력을 우연히 발견하고는 혼자 감탄할 때가 있습니다. 시어머니가 빛의 속도로 한 끼를 뚝딱 차려내시고 뜨거운 냄비나 밥그릇을 척척 들어 올리시면 달인을 경외하는 마음으로 두 손을 모으곤 합니다. 핸드폰을 한 몸처럼 생각하는 친구가 뛰어난 정보검색 능력으로 묻는 말에 10초 만에 답을 하고 시의적절한 '짤방'과 이모티콘을 보내줄 때는 언제나 물개 박수를 치게 되고요. 새벽에 일어나 꾸준히 운동 루틴을 이어오던 지인이 이제 12kg의 아령도 번쩍 들게 되었다고 전해와 비루하고 약한 몸을 가진 저의 부러움을 사기도 했습니다.

고백하건대 시간의 공력이 쌓여야만 가질 수 있는 저마다의 능력에도 불구하고 이런 게 뭐가 대단하냐고 수줍은 미소를 짓는 이들을 저는 존경합니다. 이 글을 읽고 있는 당신도 분명 그런 분들 가운데 한 명일 거라 믿어 의심치 않습니다.

● 어마어마한 연봉이나 출연료를 받지 않아도 우리는 저마다의 삶의 영역에서 프로가 아닐까 생각합니다. 당신에게도 시간이 쌓이다 보니 남보다 잘하게 되거나 잘 알게 된 분야(운전, 운동, 요리, 가구 조립 등등)가 있을 텐데요. 그것을 언제부터 어떻게 잘하게 되었는지 당신만의 노하우를 여기에 남겨주세요.

✳ 사랑할 수밖에 없는 우리의 그림자

부유한 집안에서 태어나 온 가족의 사랑을 받고 자란 한 여자가 있습니다. 누구나 돌아보는 아름다운 외모와 남다른 머리, 매사에 노력하는 성실한 태도로 최고학부를 나와 유학을 다녀온 뒤 커리어의 정점에 있을 때 만난 상대 또한 근사했습니다. 결혼 후에도 양가의 전폭적인 지원과 가정적인 남편, 순하고 반듯하게 자라주는 아이 덕분에 오늘도 여자는 세상에 자신의 재능을 마음껏 발휘하며 멋진 하루를 이어갑니다.

　이렇게 그늘 없고 완벽한 인생을 사는 사람이 현실에 존재할까요? 만약 있다면 우리는 그 사람을 쉽게 좋아할 수 있을까요? 보통은 그러기 쉽지 않을 거예요. 언뜻 시기와 질투 때문이 아닐까 생각하기 쉬운데, 근본적인 이유는 사람들이 그림자 없는 사람을 매력적으로 느끼지 못한다는 데 있다는 이야기를 심리학 책에서 본 적이 있습니다.

　인간의 이런 심리 때문일까요. 우리가 사랑하는 이야기 속 주인공 중에는 결점이나 모순이 없는 완벽한 인물이 등장하지 않습니다. 그런 인물에게는 사람들이 좀처럼 마음을 주지 않는다는 걸 작가들은 이미 알기 때문이겠지요.

　생각해 보면 우리가 누군가에게 무장해제되어 마음을 열었던 순간은 인간적인 빈틈과 약점을 발견했을 때가 많았던 것 같습니다. 그것을 껴안고 나아가는 모습에서 인간의 진짜 아름다움을 느꼈던 것도 같은데요. 그렇다면 자신의 결점을 너무 싫어하고 미워하는 일을 이제 그만해도 되지 않을까 싶어요.

◑ 수천 명의 상담 사례를 통해 밝혀낸 행복한 사람들의 특징 중 하나가 자신의 약점을 숨기지 않고 드러내는 것이라고 합니다. 그렇다면 조금 더 행복해지기 위해 스스로에게 이렇게 물어야 하지 않을까요? 나의 결점은 무엇이며, 그것에 대처하는 나만의 방법은 무엇인지를요.

✛ 필사하는 밤

그들은 너무 완벽해서는 안 된다. 완벽이란 공허하고 비현실적이며, 무엇보다 치명적인 건, 너무 따분하다. 나는 그들이 뛰어난 유머 감각의 소유자이고, 중요한 사안들을 자기 자신과 연관 지어 생각하는 것이 좋다. 나는 그들이 자신이 누구인지와 인생이란 도대체 무엇인지에 대해 의문을 품기를 바란다. 그들이 나와 마찬가지 방식으로 정신적인 문제를 지니고 있었으면 한다. 나는 사람들이 희망을 품고 있었으면 한다. 친구든 소설 속 화자든 너무 빨리 자신은 희망이 없다는 것을 드러내면, 나는 흥미를 잃는다. 그런 상황은 나를 의기소침하게 한다.

_《쓰기의 감각》, 앤 라모트, 최재경 옮김, 웅진지식하우스, 2018.

✱ 인생의 주인공에게 어김없이 찾아오는 것

모든 소설과 드라마, 영화에 나오는 주인공들의 서사에는 한 가지 공통점이 있습니다. 그건 바로 너 나 할 것 없이 시련과 좌절과 불운을 겪는다는 건데요. 드라마 〈폭싹 속았수다〉에 나오는 주인공 '애순'만 봐도 그렇지요.

인생은 애순에게 유독 가혹했습니다. 아버지를 일찍 여읜 것도 모자라 엄마를 열 살에 떠나보내야 했던 애순은 평생의 사랑인 남편을 만나 아이들을 낳고 이제 행복해지는 건가 싶었을 때 자녀를 잃는 참척의 슬픔까지 겪습니다. 시련은 끝이 없어서 중년에 이르러서는 아들과 남편이 사기를 당하는 일이 생기고, 급기야는 오래 해로할 줄 알았던 남편마저 중년의 나이에 먼저 보내야 했지요. 그렇지만 드라마를 본 사람들은 이 이야기를 슬픈 이야기로 기억하지 않습니다. 그보다는 인생의 시련 속에서 주인공이 보여준 사랑과 존엄과 품위 덕분에 오히려 삶도 사람도 아름답다고 느끼지요.

힘든 일이 닥치면 극의 '주인공 서사'를 떠올리며 자신을 영화의 주인공이라고 생각한다는 어느 배우의 말을 기억합니다. 어쩌면 우리도 모두 인생의 주인공이기에 저마다의 어렵고 힘든 시간을 지나온 건 아니었을까요. 모쪼록 앞으로는 당신이 지나온 시련과 어려움을 떠올릴 때 덜 서럽고 덜 아팠으면 합니다.

◐ 살다 보면 누구에게나 힘든 시간이 찾아옵니다. 당신의 인생에서 가장 큰 시련은 무엇이었을까요? 그 시간을 어떻게 지나왔는지도 적어주세요.

✵ 삶의 부등호를 돌려놓는 시간

하루 중 온전히 나 자신으로 사는 시간이 있나요? 그 시간은 하루에 얼마나 되나요?

이 질문에 분명 쉽게 대답하지 못하는 분들도 계시겠지요. 그런 분들을 생각하며 이런 글을 쓴 적이 있습니다.

"나만 바라보는 작은 아이를 생각하면 나를 위한 시간 따위는 사치처럼 느껴진다. (…) 인정받고 사랑받고 성공하려면 나를 잠시 내려놓고 상대에 맞추는 게 당연하다며 스스로를 설득하며 산다. 그러나 삶의 계산이 어디 그렇게 정확하던가. (…) 애쓴 마음을 몰라주는 일은 다반사고, 노력한 만큼 올라서는 일은 하늘의 별 따기만큼이나 어렵다. 그래서 어느 날, 훌쩍 나이 든 자신을 보며 다들 이렇게 말하는지도 모른다.

나는 지금 누굴 위해 산 거지? 뭘 위해 산 거지?"•

어느 날, 인생무상이라는 녀석에게 나를 내어주지 않으려면 한 번씩 멈춰 서서 삶의 부등호를 내 쪽으로 돌려 살펴야 합니다. 나는 괜찮은지, 지금 행복한지.

남은 길을 더 잘 걸어가기 위해, 잘 견뎌내기 위해, 나 자신에게 다정하게 건네야 할 질문입니다.

- 《인생은 언제나 조금씩 어긋난다》, 박애희, 수카, 2020.

◐ 나를 위해서이기도 하지만, 나를 사랑해 주는 이들을 더 잘 사랑하기 위해서라도 우리에게는 혼자인 시간이 필요합니다. 만약, 삶의 의무와 책임에서 잠시 벗어날 수 있는 오롯한 24시간이 주어진다면 가장 먼저 무엇을 하고 싶은가요?

✱ 나를 소개합니다

책의 날개에는 언제나 작가 소개 글이 담깁니다. 이런 글에 형식은 따로 없어요. 나는 어떤 사람인가, 어떤 정서와 강점이 있나, 지금의 나를 만든 중요한 일은 무엇인가를 책의 특성에 맞게 개성을 담아 표현하면 됩니다. 저는 책《엄마에게 안부를 묻는 밤》에서 저를 이렇게 소개했습니다.

"잊히지 않길 바라는 것이 있어 읽고 쓰며 살아가는 사람. (…) 기쁨보다 아픔, 높은 곳보다 낮은 곳, 강한 것보다 약한 것, 눈부신 것보다 스러져가는 것들을 사랑한다. 사랑한 당신들이 끝까지 사랑했던 것이 무엇인지 알기 위해 할 수 있다면 일상을 되도록 섬세하고 소중하게 들여다보며 오래오래 글을 쓰고 싶다."•

제가 운영하는 글쓰기 모임에서 작가가 되었다고 생각하고 저자 소개 글을 쓰는 시간을 가진 적이 있는데요. 그때 '명랑한 내향인' '걱정 많은 낙천주의자' '모카 크림빵을 좋아하는 탄수화물 러버(Lover)' 같은 재치 있는 표현이 나와서 감탄했던 기억이 납니다. 모임에 참여한 분들은 대부분 자녀를 둔 엄마였는데, 한 개인으로서의 자신을 투명하게 들여다보자 매력적인 개성이 드러나더라고요.

'누구의 엄마' '직장에서 불리는 직함'으로 살아가느라 지워지기 쉬운 내 이름 석 자 앞에 붙을 수식어는 내가 만들었으면 합니다. 내 이야기를 만들어가는 우리는 누구나 내 인생의 작가이자 디자이너이기도 하니까요.

- 《엄마에게 안부를 묻는 밤》, 박애희, 북파머스, 2024.

● 당신은 지금 '나라는 책 한 권'을 완성하는 중입니다. 이 책의 작가인 당신을 어떻게 소개하고 싶나요? 당신이 만들고 싶은 책을 상상하며 저자 소개 글을 한번 써보면 좋겠습니다.

✳ 나를 슬프게 하는 것들

속상하고 힘든 일들을 믿을 만한 이에게 다 털어놓고 나면 자신도 모르게 이런 말을 하게 됩니다.

"이야기하고 나니까 좀 살 것 같아요."

"이제야 마음이 좀 후련해요."

그런 걸 보면, 우리의 슬픔과 고통의 치유는 그것에 관해 이야기할 수 있을 때 시작되는 것이 아닌가 싶어요.

하지만 슬픔을 드러내는 일은 쉽지 않습니다. 누가 이런 우울한 이야기를 좋아할까 싶고, 괜히 말을 꺼냈다가 분위기만 가라앉힐 것 같은 걱정도 됩니다. 내 슬픔을 드러내는 일에 좀처럼 용기가 나지 않을 때, 종이 한 장을 꺼내 나를 슬프게 하는 것들의 리스트를 하나씩 적어봅니다.

단골 가게의 문 앞에 붙은 폐점 소식 / 멀어져 가는 아이의 발소리 / 굽은 어깨를 하고 걷던 아빠의 뒷모습 / 문득 혼자라는 생각이 밀려들던 까만 밤의 고요 / 눈에 띄게 깊어진 팔자주름

슬픔을 종이에 소소하게 쓰다 보면 이상하게도 삶을 더 애틋하게 사랑하고 싶은 마음이 들어요. 그런지 안 그런지 한번 확인해 보시겠어요?

◐ 최근에 당신에게 슬픈 감정을 안겨준 것들이 있다면 무엇일까요? '나를 슬프게 하는 것들'의 리스트를 하나하나 작성하며 그것이 슬픔을 불러온 이유도 함께 생각해 보세요.

✴ 도망치던 나에게 해주고 싶은 이야기

드라마 〈미지의 서울〉의 주인공 '미지'는 열아홉의 어느 시점부터 3년 동안 세상 밖으로 나오지 않습니다. 인생의 전부였던 달리기를 발목 부상으로 더는 할 수 없게 된 게 이유였지요. 모든 게 너무 걱정되고 후회돼서 아무것도 하지 못한 채, 두 평 남짓한 작은 방에 숨어 히키코모리처럼 지내던 시간. 미지는 자신을 쓰레기라고 생각하며 괴로워하지만, 그 모든 걸 조용히 지켜보던 할머니의 생각은 달랐습니다.

"사슴이 사자 피해 도망가면 쓰레기야? 소라게가 잡아먹힐까 봐 숨으면 겁쟁이야? 미지도 살려고 숨은 거야. 암만 모양 빠지고 추잡해 보여도 살려고 하는 짓은 다 용감한 거야."●

스스로 가시가 되어 매일 자신을 찌르던 미지는 할머니의 말에 참았던 울음을 터뜨리고, 시간이 오래 걸리긴 했지만 결국 다시 세상으로 나오게 됩니다.

버티는 만큼 내어주는 것이 삶이기에 무언가를 얻으려면 인내의 시간이 필요하다는 데는 동의하지만, 그렇다고 인생의 모든 시간을 참고 견디라고 말하고 싶지는 않습니다. 인생에는 내 힘으로 어떻게 할 수 없는, 그저 존재하는 것만으로 최선인 시간도 있게 마련이니까요. 그때는 다른 무엇이 아닌 살아가는 것 자체가 삶의 이유가 되어도 좋지 않을까요. 그저 살아있기만 한다면, 언제든 우리는 다시 시작할 수 있을 테니 말입니다.

● 〈미지의 서울〉, 이강 극본, 박신우·남건 연출, tvN, 2025.

◐ 어떤 사람이나 일과 상황으로부터 도망쳐 본 경험이 있나요? 그때의 당신에겐 그럴 수밖에 없었던 이유가 분명 있었을 거라 생각합니다. 그때 그 일은 당신의 인생에 어떤 영향을 끼쳤을까요?

✣ 필사하는 밤

사는 동안 무엇을 성취했느냐고 사람들이 물으면
슬픔이라고

그러나 보다 위대한 것은

어쨌든 나는
살아남았다는 것

_《누군가 말해 달라 이 생의 비밀》,〈내 운명〉, 두르가 랄 쉬레스타, 유정이 옮김, 문학의
숲, 2013.

2장

순간

이 소중한 것들이 사라지기 전에

25년이 넘게 (반은 방송작가로, 반은 에세이 작가로) 글을 쓰며 살고 있지만, 글은 쓰면 쓸수록 더 어렵게만 느껴집니다. 살면 살수록 삶이 어렵게 느껴지는 것과도 비슷하다고 할까요. 쓰는 일에 대해 자신이 없어지고 무엇도 쓸 수 없을 것 같을 때가 찾아오면, 선배에게 조언을 구하는 마음으로 훌륭한 작가들의 글쓰기 이야기를 찾아보곤 합니다.

그러다 언젠가부터 글쓰기 책을 다른 어떤 책보다 사랑하게 되어버렸습니다. 글쓰기라는 게 삶을 담아내는 작업이다 보니, 작가들의 글쓰기 이야기에는 언제나 그들이 시간을 통해 쌓은 삶의 태도와 철학의 정수가 가득했거든요. SF 팬들이 사랑하는 환상 문학의 대가이자 70년 동안 300여 편의 단편 소설을 쓴 '단편의 제왕' 레이 브래드버리의 글쓰기 책《브래드버리, 몰입하는 글쓰기》도 그랬습니다. 책을 펼치기 전에, 이미 세상을 떠난 작가에게 저는 혼자 묻고 있었어요. '도대체 글쓰기란 무엇입니까? 무엇이기에 당신은 70년을 바쳤고, 우리는 계속해서 글쓰기를 해야 하는 겁니까?' 백발의 노작가는 마치 제 물음을 들은 것처럼 싱긋 웃으며 (책을 통해) 제게 이렇게 전해주었습니다.

"글쓰기는 우리의 권리이자 선물이자 특권이죠. 우리가 살아

있다는 것을 상기시켜 주니까요. 삶의 역경 속에서 우리를 새롭게 태어나게 하는 것도 글쓰기입니다. 삶에 끔찍한 일들이 존재하지 않는다고 말할 수 있나요? 우리 중 암으로 가까운 사람을 잃어보지 않은 이가 있을까요? 교통사고로 죽거나 다친 가족, 친척이 없는 사람은요? 이런 일들은 끝이 없기에, 창조적으로 대항하지 않으면 우리는 좌절에 빠집니다."●

"창조적으로 대항하지 않으면"이라는 말에 밑줄을 그으며, 부모님을 몇 년 사이로 연달아 잃고 헤매다 만난 어느 하루를 생각했습니다. 내 안에 무엇이 남아있는지 그것을 알아야 다음 걸음을 내디딜 수 있다고 내 안의 내가 호소하던 날. 그날 한동안 쓰지 않던 글을 쓰기 위해 노트북을 열었습니다. 그건 불시에 기습해 삶을 헤집어 놓고 간 불행에 대한 저 나름의 대항이자, 마주하기 고통스러웠던 순간을 복기하며 기어이 의미를 찾아 다시 제대로 살아가겠다는 다짐이기도 했습니다.

그렇게 기억의 우물에서 하나씩 어떤 장면을 떠올리자 울고 웃고 사랑하고 다투고 슬퍼하고 연민하던 마음들이 어제 일처럼 생생하게 되살아났고, 책 한 권을 마무리했을 때 어떤 깨달음이 찾아왔습니다. 내가 기억하는 한 아무것도 사라지지 않는다는 것. 내가 마음에 품는 한 언제나 그들은 함께라는 것. 우리는 언제든지 내 안에 피었다 진 수많은 사랑을 계속 이어갈 수 있다는 것.

- ● 《브래드버리, 몰입하는 글쓰기》, 레이 브래드버리, 김보은 옮김, 비아북, 2023, 책의 프롤로그 중 한 부분을 대화체로 변용.

그래서 저는 그때도, 지금도 글을 씁니다. 순간을 영원으로 만들고 싶어서. 계속 사랑하고 싶어서.

가끔, 제 책을 보고 이렇게 말씀하시는 독자분들이 계세요.

"어떻게 그 많은 것들을 다 기억하세요?"

제 기억력은 평범합니다. 유년 시절의 기억은 별로 없고, 친구들을 만나서 이야기를 하다가 "그런 일이 있었어?"를 남발하는 걸 보면 어쩌면 다른 사람보다 기억력이 더 형편없을 수도 있어요. 그런데 기억이라는 게 신기한 게요. 묻혀있던 걸 하나 꺼낼 때마다 다른 기억들도 우르르 함께 떠오릅니다. 마치 감자를 캘 때 호미나 손으로 흙을 살살 파면 감자알이 줄줄이 딸려 나오는 것 같다고나 할까요. 사진첩이나 핸드폰에 담긴 사진 하나를 꺼내 한참 바라보다 보면 알 거예요. 전에는 한 번도 떠올리지 않았던 그때의 공기와 냄새, 함께 있던 사람들, 이야기를 나눌 때의 표정과 손짓…. 그 많은 것들을 내가 생각보다 세세하게 기억하고 있다는걸.

2장의 질문들이 당신이 잊고 있던 많은 순간을 떠올리게 할 사진 한 장이 되었으면 좋겠습니다. 질문 중에는 아픈 순간을 떠올리게 하는 것도 있을 거예요. 우리 인생이 몇 번이고 다시 보고 싶은 행복한 순간들로만 가득 차있는 건 아니니까요. 아프고 힘들었던 순간을 굳이 왜 돌아봐야 하느냐고 물으신다면, 이렇게 말씀드리고 싶어요. 마음 밑바닥에 아무렇게나 묻어둔 아픔을 하나씩 꺼내 잘 정리할 수 있을 때 비로소 우리는 그 순간을 놓아주고 다시 지금을 살 수 있다고.

삶의 순간순간을 써 내려가는 이 시간의 끝에, 당신에게도 삶의 아름다운 진실이 도착하기를 빕니다. 우리가 지나온 시간이 앞으로 몇 번이고 되살아나 남은 날들을 지켜줄 거라는. 언젠가의 제가 그랬던 것처럼.

✻ 우리는 모두 인생 초보

들을 때마다, 설레고 긴장되는 두 글자가 있습니다. '처음'.

처음이 들어간 많은 날만 떠올려봐도 그렇지요. 처음 등교하던 날, 처음 자전거를 타던 날, 처음 그 사람을 만나던 날, 처음 실연하던 날, 처음 운전하던 날, 처음 혼자 여행을 가던 날, 처음 내 집을 장만하던 날, 처음 연인의 눈물을 보던 날, 처음 내 손으로 돈을 벌던 날….

낯섦과 설렘과 기쁨과 두려움과 막막함이 혼재하는 처음의 순간들을 우리는 앞으로도 계속 만나게 될 거예요. 미래를 먼저 살아본 사람은 없으니 마흔도, 쉰도, 예순도 우리에게는 모두 처음 만나는 시간. 그런 의미에서 사는 일은 무수한 처음을 쌓아가는 일이고, 누구나 사는 내내 이번 생은 처음인 인생 초보자일지도 모르겠습니다. 어른이 되고 나이를 먹어도 여전히 사는 일이 어렵게 느껴지는 건 그런 이유겠지요.

사는 일에 좀처럼 용기가 나지 않는 날에 우리의 '처음'들을 불러낼 수 있다면 좋겠습니다. 설레고 두려웠던 그 모든 처음의 합이 지금의 나라는 걸 잊지 않기 위해서. 다시 또 첫걸음을 용기 내어 내딛기 위해서.

◐ 당신의 많은 '처음' 중에서 가장 인상 깊었던 순간은 언제였나요? 그때의 감정이 어땠는지도 알려주세요.

✳ 불행을 견디는 가장 좋은 방법

제가 아는 이야기 중에서 가장 익살맞은 인물로 언제나 '톰 소여'를 꼽습니다. 마크 트웨인의 《톰 소여의 모험》 속 그 주인공이요. 이모가 벌을 주느라 시킨 담장 페인트칠을 세상 재미있는 일인 양 연기해 동네 꼬마들에게 떠넘긴 뒤 씨익 웃는 톰의 악동다운 위트를 생각하면 지금도 웃음이 터집니다.

유쾌한 유머와 입담이 매력적인 작품을 쓴 작가답게 마크 트웨인은 만담가로도 유명했는데요. 하지만 실제 그의 인생은 웃을 일보다는 불행한 일들이 많았습니다. 열한 살에 아버지를 잃었고, 네 아이 중 세 아이를 잃는 참척의 슬픔도 겪었고, 훌륭한 동반자로 여겼던 아내도 일찍 세상을 떠났습니다. 경제적인 상황도 평탄하지 못했어요. 골드러시 때 금광에 투기했다가 큰돈을 날린 뒤로 주식과 투자에 계속 실패해 몇 번이나 파산합니다. 그래서였을까요. 말년에 그는 이런 말을 한 적이 있어요.

"나는 늙었고 엄청나게 많은 불행에 대해 알고 있다."

그래도 끝내 그는 문장을 이렇게 완성합니다.

"하지만 대부분은 일어나지 않았다."

숱한 불행마저도 삶이 던진 지독한 농담으로 받아들였던 마크 트웨인의 내공은 어디에서 온 걸까요. 그가 완결 짓지 못한 유작에 담긴 이 문장이 하나의 답이 될지도 모르겠습니다.

"웃음의 공격을 견뎌낼 수 있는 것은 아무것도 없거든." ●

- 《마크 트웨인의 미스터리한 이방인》, 마크 트웨인, 오경희 옮김, 책읽는귀족, 2015.

◐ 좋아하는 사람들을 만나 한 번이라도 더 웃음을 터뜨리며 살 수 있다면 우리도 마크 트웨인처럼 삶을 더 잘 견뎌낼 수 있지 않을까요. 최근에 가장 크게 웃은 적은 언제였는지 기억하세요? 무엇이 당신을 웃게 했을까요?

✳ 어쩌면 가능했을지 모를 또 다른 삶에 대하여

드라마 〈고백부부〉〈아는 와이프〉〈재벌집 막내아들〉〈선재 업고 튀어〉, 영화 〈시간을 달리는 소녀〉〈엣지 오브 투모로우〉…. 모두 시간 여행을 소재로 사랑받은 작품들입니다. 앞으로도 이런 이야기들은 끊임없이 나오지 않을까 싶어요. 현재의 인생은 우리가 선택한 것들의 결과라는 진실 앞에서, 다른 선택을 했다면 가능했을지도 모를 또 다른 삶을 상상해 보지 않은 사람이 있을까요. 현실은 언제나 우리가 꿈꾸는 이상과 멀기에 '시간 여행'만큼 우리들의 판타지를 충족시켜 주는 이야기도 없겠지요.

그중에 〈어바웃 타임〉이라는 영화를 좋아해요. 영화의 주인공 팀은 스물한 살의 생일날, 아버지로부터 집안 대대로 남자들이 (자신의 인생 안에서 기억하는 과거로 되돌아가는) 시간 여행을 해왔으며 그 능력이 팀에게도 있다는 것을 듣게 됩니다. 처음에는 '이불 킥' 하고 싶은 부끄럽고 창피한 순간을 바꾸기 위해 주로 초능력을 쓰던 팀은 어느 시점부터 사랑을 얻고 지키는 데만 초능력을 활용합니다. 팀은 사랑을 인생에서 가장 소중한 것으로 여기는 사람이었던 거죠.

언제로 돌아가고 싶냐는 질문을 나에게도 던져봅니다. 인생에서 가장 중요하게 생각하는 것이 무엇인지, 나만의 답이 그 안에 있기를 기대하며.

● 만약 과거의 어느 시간으로 돌아갈 수 있다면 언제 어느 곳으로 돌아가 무엇을 하고 싶은가요? 그때로 돌아가고 싶은 이유는 무엇일까요?

✱ 어쩔 수 없는 일

아이들이 다루기에 적합하지 않은 물건을 가지고 놀 때 그만두게 하려면, 강하게 혼내면서 뺏는 것보다 부드럽게 타이르는 게 더 효과적이라고 하지요. 강한 지시 대신 부드러운 어조로 지시하면 아이의 '자유의지'가 남아 이렇게 생각하게 된다는 거예요. '내가 그만 놀기로 결정한 건, 이 장난감이 재미가 없어서야.' 그러면 실제로 장난감에 대한 호감도도 줄어든다네요.

뇌과학 책에서 육아에 관한 이 조언을 보다가 엉뚱하게도 저는 가끔 뒤를 돌아보며 쓸쓸한 표정을 짓는 어른들을 생각했습니다. 살다 보면 내 의지가 아닌, 다른 피치 못할 상황 때문에 포기할 수밖에 없는 일들이 있잖아요. 공부를 하고 싶고 심지어 잘했는데도 여자라는 이유로 집에서 학교를 보내주지 않아 학업을 중단한 분들이 어머니 세대에는 적지 않습니다. 갑작스럽게 집안이 어려워져 좋아하는 일을 포기하고 생계에 뛰어든 분들의 이야기도 종종 듣습니다. 부모님의 반대를 감당하기 힘들어 연인을 떠나보낸 분들도 있겠지요.

내 의지와 결정과 상관없이 내가 바랐던 무엇을 가져갈 거라면 그것을 바랐던 마음까지 가져가면 좋으련만. 인생은 야속하게도 그 마음만은 그대로 남겨둬서 우리는 자꾸 뒤를 돌아보며 가질 수 없었던 순간과 사람과 일들 앞에서 서성입니다.

그것이 지나간 일에 연연하는 나약함 때문은 아닐 거예요. 우리의 마음이, 뇌가 태어날 때부터 그렇게 되어있을 뿐인 거지요.

◐ 내 의지가 아닌 다른 피치 못할 상황 때문에 포기해야 했던 일이나 사람이 있나요? 원했던 것을 어쩔 수 없이 내려놓아야 했던 그때의 당신에게 해주고 싶은 말을 써주세요.

✳ 어른의 세계에 입장하던 날

어린 시절, 당신은 어른이 빨리 되고 싶은 어린이였나요. 아니면 피터 팬처럼 어른이 되기 싫은 어린이였나요. 저는 빨리 어른이 되고 싶은 어린이였습니다. 어린 제가 생각한 어른은 '능력자'였어요. 무거운 물건을 번쩍 들 수 있고, 가고 싶은 여행을 마음대로 갈 수 있고, 혀끝까지 아린 매운 음식과 쓰기만 한 술도 태연하게 먹을 수 있고, 눈물이 나올 것 같아도 꾹 참을 수 있고, 뜨거운 밥그릇과 냄비도 아무렇지 않게 들 수 있는 사람.

그런데 막상 어른이 되고 나니 그게 꼭 그렇지가 않더라고요. 어른이 되어도 여전히 인생은 모르는 것투성이고 인생의 매운맛 앞에서 눈물을 참기가 힘들 때도 많습니다. 그래도 어느 때는 어른이 되었다는 걸 몸과 마음으로 실감하게 되는 날도 있기는 해요. 세금 고지서에 적힌 내 이름을 봤을 때, 뜨거운 감자탕 국물이 시원하게만 느껴질 때, 아프고 힘들어도 부를 엄마가 없다는 걸 깨달을 때, 세상모르고 잠든 아이의 말간 표정을 바라보며 묵직한 책임감이 밀려올 때, 어른의 세계란 이런 것이구나 합니다.

당신은 어떤 때 그런 순간을 실감하나요?

그것이 무엇이든, 당신이 사는 어른의 세계가 너무 고단하지도 외롭지도 않기를 바랍니다.

● '이제 나도 어른이구나' 하고 느끼는 순간은 언제인가요?

✦ 필사하는 밤

저는 아이들은 다 천진하고
사랑스럽기만 하다는 데
동의하지 않습니다.
마찬가지로 어른들이 다 지혜롭고
심지가 굳다고 여기지도 않습니다.
흔들리는 어른의 모습도 자연스럽다고 생각합니다.
준비된 어른이 되기보다는
늘 새로운 어른이길 바랍니다.

(순간)

이 소중한 것들이 사라지기 전에

_《찌그러져도 동그라미입니다》, 김창완, 웅진지식하우스, 2024.

✳ 행복을 발견하는 질문

대화를 자주 하는 가족이 행복하다는 이야기를 많이 듣지만 그게 쉽지는 않습니다. 좋은 대화를 나누려면 좋은 질문이 있어야 하는데, 매일 얼굴을 보는 사이니 서로를 다 안다고 생각하기 때문일까요. 딱히 궁금한 것들이 떠오르질 않습니다. 그러다 보니 오히려 타인보다 속마음을 덜 나누는 것 같기도 하고요. 언젠가 저도 그런 기분이 들어 고민한 적이 있는데요. 이 질문을 찾은 후로는 고민이 사라졌습니다.

"오늘 가장 좋았던 일은 뭐야?"

아이가 학교에서 돌아왔을 때, 세 식구가 모여 저녁을 먹을 때, 금요일 밤에 간단한 스낵과 음료를 준비해 소박한 파티를 하거나 주말에 모처럼 외식할 때, 서로에게 이 질문을 던지고 돌아가면서 답을 하면, 대화의 물꼬가 트여 각자의 근황과 기분을 자연스럽게 말하게 됩니다. 더 좋은 건 쌓이는 답을 통해 서로가 생각하는 행복이 무엇인지를 알아간다는 거예요.

아빠와의 산책이 하루 중 가장 좋았다는 아이의 말을 들으며 가족의 사랑이 아이의 행복이라는 걸 새삼 깨닫고, 모처럼 일찍 퇴근해서 집에 온 게 가장 좋은 일이었다는 남편의 말에 쉬는 게 행복인 직장인의 고단함을 읽고, 하루 치의 원고를 무사히 써냈을 때가 좋았다고 말하는 스스로를 보며 작은 성취에 의미를 두는 저를 발견하는 것처럼 말이지요.

어떤 질문에는 인생의 좋은 답이 함께 담겨있습니다. 우리의 질문이 오늘도 내일도 계속되어야 할 이유입니다.

◐ "언제 행복을 느끼세요?"라는 질문 앞에서는 골똘히 생각에 잠기게 되지만, 질문을 조금 좁히면 답이 보이기도 합니다. 그래서 묻습니다. 오늘 가장 좋았던 일은 무엇인가요? 만약 행복을 찾기 어려운 오늘이었다면, 지난 한 주를 돌아보며 답을 찾아봐도 좋겠습니다.

✱ 우리의 외로움이 부르는 것

창밖으로 부서지는 햇살이 유난히 따사롭게 느껴지던 어느 봄의 초입. 방에서 잘 놀고 있던 두 살 아이를 데리고 집을 나섰습니다. 종일 방 안에서 아이와 씨름하느라 계절이 오는지 가는지도 모르며 시간을 보내던 날들이었습니다. 산수유를 시작으로 하나둘 피고 있을 꽃들을 아이에게 늦기 전에 보여주고 싶었어요. 환한 햇살 아래에서 아이와 함께 비타민 D를 충전하고 나면 하루를 견딜 힘이 날 것도 같았습니다.

작고 보드라운 손 덕분인지 봄 햇살 덕분인지 몇 걸음 걷지도 않았는데 금세 몸도 마음도 훈훈해져서 나오길 참 잘했다고 생각했을 때였어요. 맞은편에서 모녀로 보이는 두 사람이 걸어오는 게 보였습니다. 친정 엄마로 보이는 나이 지긋한 여성은 유아차를 밀며 안에 있는 아이를 다정한 미소로 어르고, 그 옆에서 두 손 가볍게 걷던 딸로 보이는 이는 뭐가 그리 즐거운지 한 번씩 손뼉을 치며 웃음을 터뜨렸습니다. 그 모습을 보는 순간, 마음에 훈기가 사라지고 시린 바람이 불기 시작했어요. 두 사람은 그때 제가 세상에서 가장 부러워하는 이들이었습니다. 엄마를 먼저 보낸 제가 앞으로도 절대 누릴 수 없는 순간을 가진.

봄꽃과 새싹들이 피는 풍경 가운데, 홀로 시린 계절에 서있는 것 같은 격한 외로움으로 발걸음이 얼어붙던 그 순간을 여전히 기억합니다. 그래도 이제는 그때만큼 아프지는 않네요. 시린 외로움도 결국 그리움이 불러낸 것이라며 세월이 계속해서 저를 다독인 덕분인 것도 같습니다.

◐ 당신에게도 있고 우리 모두에게 있을 외로움을 생각하며 묻습니다. 살면서 가장 강렬한 외로움이 몰려왔던 한때는 언제였나요? 그리고 지금은 어떤가요. 당신의 외로움을 잘 보살피며 살아가고 있는지요.

✷ 내 인생의 전환점

살아가다 보면, 인생의 바람결이 바뀌는 것 같은 순간을 느낄 때가 있습니다. 어느 날 문득, 지금처럼 살면 안 되겠다는 막연한 결심을 하게 되는.

누군가는 '지옥철'을 타고 출근하고 물에 젖은 솜방망이가 된 채로 퇴근하는 일상을 이어가다 공황장애가 찾아온 어느 날, 오랫동안 살피지 못했던 삶을 돌아볼지도 모릅니다. 누군가는 계단을 밟듯 성실하게 인생을 미션 클리어 하는 기분으로 살아가다가, 모든 걸 내려놓고 가족과 함께 세계 일주를 떠나는 친구의 이야기를 듣고 다른 세상에 눈을 뜰 수도 있겠지요.

저는 삼십 대의 나이에 부모님을 연달아 보내드리면서 삶이 유한하다는 것을 처음 절감하며 생의 방향이 달라졌습니다. 삶이 영원히 이어지지 않는다는 것을 벼락처럼 실감한 순간, 내가 가장 소중하게 생각하는 것에 대해 글을 쓰며 살고 싶어졌습니다. 더 많이 기억하고 더 많이 사랑하기 위한 저 나름의 다짐이었지요.

우리가 사랑하는 이야기들에는 바로 그 순간이 담겨있습니다. 주인공의 삶의 변화는 이야기의 가장 큰 구심점이 됩니다.

나를, 내 삶을 제대로 이해하기 위해 한 번쯤 멈춰서 인생의 전환점을 돌아볼 수 있다면 좋겠습니다. 그때로부터 얼마나 멀리 왔는지, 맞게 가고 있는지, 나의 이야기는 제대로 쓰이고 있는지. 내 인생을 제대로 퇴고하기 위해서 말입니다.

◑ 이전과는 다른 삶을 살게 한 인생의 전환점이 당신에게도 있나요? 그때 무슨 일이 있었고, 어떤 깨달음이 당신을 변화시킨 건지 적어볼까요.

✱ 슬플 때 울지 않으면

"왜 울면 안 돼?"

　크리스마스 시즌이 되면 어린이들이 자주 하는 질문이죠. 그게 다 〈울면 안 돼〉라는 동요 때문입니다. 저도 아이에게 같은 질문을 받은 적이 있는데, 제 대답은 당연히 "울어도 돼"였습니다. 언제든 울어도 된다고, 마음을 꾹꾹 누르지 않아도 된다고, 우는 건 잘못이 아니라고, 남자아이기 때문에 더 힘줘서 말했던 것도 같네요.

　엄마들이 아이들에게 계속 말해줘도 한국 사회는 여전히 눈물에 관대하지 않은 편입니다. 알파 세대인 아이의 세상에서도 "울면 지는 거야" "남자는 우는 거 아니야" 이런 말들이 흔합니다. 부정적인 감정에 휩쓸려 봤자 좋을 게 없고 눈물은 약한 사람이나 흘리는 거라는 인식이 여전한 거죠.

　그런 분위기 때문에 울고 싶어도 눈물을 꾹 참는 분들에게 영국의 정신과 의사 헨리 모즐리의 이 말을 들려드리고 싶어요.

　'슬플 때 울지 않으면 다른 장기가 대신 운다.'

　반대로 우리가 울 때는 행복 호르몬인 세로토닌과 웃음 호르몬인 엔도르핀이 나와서 스트레스가 줄고 면역력도 강해진다고 해요. 실제로 눈물이 류머티즘, 위궤양, 우울증 치료에 도움이 된다는 연구결과도 있고요.

　그래서 말인데, 이제 〈울면 안 돼〉 노랫말 좀 바꿔야 하는 거 아닐까요.

울음마다 감정의 진폭이 다릅니다. "소리를 삼키고 눈물만 흘리는 억눌린 울음을 '읍(泣)'" "소리를 내지르며 슬픔의 형식이 드러나는 울음을 '곡(哭)'" "눈물도 흘리고 소리도 나는 그 중간쯤을 '체(涕)'"라고 한다는데요. 당신이 근래에 흘린 눈물은 이 중에 어떤 것이었는지 궁금합니다. 다 울고 난 뒤 마음은 어떻게 달라졌는지도요.

- 《허송세월》, 김훈, 나남, 2024.

✱ 나를 죽이지 못한 것은 나를 더욱 강하게 만들 것이다

우리는 무탈하고 평안한 나날을 꿈꾸지만, 인생은 종종 우리의 뒤통수를 치며 수치와 모욕을 안겨줍니다. 사소하게는 차를 몰고 나갔다가 몰상식한 운전자에게 어이없이 거친 말을 들을 수도 있습니다. 회사 화장실에서 듣게 된 나에 대한 악담이 드라마 속에만 있으리란 법도 없지요. 믿고 의지해야 할 가족이 칼날 같은 말로 내 자존심에 상처를 낼 때도 있습니다.

그런 상황이 닥쳤을 때 상대에게 지지 않고 또박또박 내 할 말을 하면서 따질 것은 따지고 아닌 건 아닌 거라고 목소리를 높일 수 있다면 얼마나 좋겠습니까만, 우리는 때로 얼음이 되어 쏟아지는 모욕을 온몸으로 받아내거나, 얼굴이 붉어진 채로 말없이 뒤돌아 그 자리를 빠져나옵니다. 그러고 나면 이번엔 자책감이 몰려들지요. 왜 바보처럼 가만히 있었을까. 왜 큰소리 한번 내지 못했을까.

그것이 당신만의 이야기는 아닐 거예요. 누구나 폭력 앞에서 당황하기 마련이니까요. 그렇다면 자책으로 괴로워하는 대신 이런 문장을 품는 것이 더 현명하지 않을까요. "우리는 모욕당했을 때 자기를 보호할 언어, 더 나아가 더 나은 삶을 설계할 수 있는 자기만의 언어, 대체 불가능한 언어가 필요하다."●

수치와 모욕의 순간을 나만의 언어로 표현하는 연습을 힘써 해나가고 싶습니다. 나의 고통을 이해하기 위해, 더 잘 살아가기 위해. "나를 죽이지 못한 것은 나를 더 강하게 만든다"라는 니체의 말을 새기고 또 새기면서.

● 《새로운 언어를 위해서 쓴다》, 정희진, 교양인, 2022.

● 살면서 가장 강렬한 수치심과 모욕감을 느낀 날은 언제였나요? 만약 그때로 다시 돌아간다면, 그 상황을 어떻게 해결하길 바라는지 상상하며 여백을 채워주세요.

✦ 필사하는 밤

상처받지 않는 삶은 없다. 상처받지 않고 살아야 행복한 것도 아니다. 누구나 다치면서 살아간다. 우리가 할 수 있고 해야 하는 일은 세상의 그 어떤 날카로운 모서리에 부딪쳐도 치명상을 입지 않을 내면의 힘, 상처받아도 스스로 치유할 수 있는 정신적 정서적 능력을 기르는 것이다. 그 힘과 능력은 인생이 살 만한 가치가 있다는 확신, 사는 방법을 스스로 찾으려는 의지에서 나온다. 그렇게 자신의 인격적 존엄과 인생의 품격을 지켜나가려고 분투하는 사람만이 타인의 위로를 받아 상처를 치유할 수 있으며 타인의 아픔을 위로할 수 있다.

_《어떻게 살 것인가》, 유시민, 생각의길, 2013.

✷ 인생은 버스 여행

한때 함께하며 울고 웃었지만 더는 만날 수 없는 존재들이 살다 보면 한 명씩 늘어갑니다. 그때마다 영화 〈라이프 오브 파이〉의 주인공이 했던 말이 떠올라 고적한 마음이 됩니다.

"삶이란 결국 그런 거죠. 보내는 것."●

그런 날이 살다가 또 찾아온다면 우리의 외로운 한숨을 어떻게 달래야 할까요. 저는 언젠가부터 어떤 드라마에서 들은 대사를 생각합니다. 사는 건 버스 여행과 비슷해서 내가 운전하는 버스에 부모님도, 친구도, 잠깐 만난 사람들도 타고 있지만 언젠가는 모두 내린다는 이야기.●●

내가 잘못하거나 타인이 잘못해서가 아니라 그저 시간이 되어 헤어질 수밖에 없었다고, 우리가 겪는 모든 이별도 인생에서 일어나는 무수한 일 중 하나라고 생각하면 이별을 조금은 담담한 마음으로 받아들이게 됩니다. 하지만 아프고 힘들었던 순간 그 무엇 하나라도 잊고 싶지는 않습니다. 어떻게 보면, 이별로 인한 모든 고통과 슬픔은 그만큼 내가 사랑했다는 뜻이기도 하니까요.

● 〈라이프 오브 파이〉, 이안 감독, 2013.
●● 〈아무것도 하고 싶지 않아〉, 홍문표·이윤정 극본, 이윤정·홍문표 연출, Genie TV, 2022.

◐ 이별도 삶의 한 과정이라는 걸 모르지 않지만, 어떤 이별은 우리에게 깊은 상흔을 남깁니다. 살면서 어떤 존재와 헤어지는 일이 가장 힘들었나요? 그때의 이별이 생각나 슬퍼지는 오늘, 당신을 위로하는 한마디도 남겨주세요.

✳︎ 시인이 부러워하는 존재

아이가 없는 시인이 아이와 함께 살아가는 작가들을 시샘하는 글을 읽은 적이 있습니다. 그 글을 보며 처음 든 생각은 이거였어요. 아이가 없으면 자기 시간을 더 많이 확보하고 자유롭게 작업할 수 있지 않을까. 그는 부모들의 어떤 점이 부러운 걸까.

아이가 태어나면서 가장 먼저 잃은 건 '평온'이었습니다. 기질적인 예민함 탓도 있겠지만 작고 여린 존재와 처음 살기 시작했을 땐 태어나서 처음 느껴보는 극도의 불안과 두려움에 시달렸습니다. 이 아이를 내가 끝까지 책임지고 잘 지켜줄 수 있을까. 그렇게 예측할 수 없는 일들이 사방에서 일어나고 양육자가 온 시간을 바쳐 분투하는 동안 아이는 한 뼘 자라나지요.

그 고단함과 힘겨움을 견디게 하기 위한 신의 배려일까요. 아이와 함께 있는 동안에는 고통의 순간을 상쇄하는 기쁨과 경이의 순간 또한 함께 찾아옵니다. 그렇기에 천국과 지옥을 오가고 감정의 널을 뛰며 하루도 같지 않은 일상을 보내는 육아의 시간은 인생에서 행복과 고통을 가장 진하게 느끼는 시간이기도 합니다.

시인이 부러워했던 건 그 지점이 아닐까 생각해요. 깊고 뜨거운 시간을 지난 만큼 짙어질 인생의 농도. 살아온 만큼 쓸 수 있는 게 글쓰기의 세계라면 말입니다. 그렇게 생각하니 아이와 함께 지나온 시간과 앞으로 걸어갈 시간이 새삼 감사한 축복으로 다가오네요.

◐ 삶과 사람에 대해 가장 많은 것을 배우고 깨달았던, 인생에서 가장 '깊고 뜨거운 시기'는 언제였나요? 그때 당신은 누구와 무엇을 하고 있었는지 담아주세요.

✳ 모든 것은 용기

사는 일에 의기소침해질 때면 꺼내보는 책이 있습니다.《용기》라는 제목의 그림책인데, 볼 때마다 언제나 지나온 시간들이 기특하게 여겨집니다.

"어느 순간 보조 바퀴 없이 자전거로 달려 보는 것도 용기, 정답을 용기 있게 말하는 것도 용기, 집에 혼자 있을 때 무서운 것을 참는 것도 용기, 무너지더라도 또다시 고쳐 만드는 것도 용기, 무서운 놀이기구를 혼자 타는 것도 용기, 먼저 사과하는 것도 용기, 약속을 지키는 것도 용기…"●

용기의 종류가 이렇게 많았나 감탄하고 있노라면 깨달을 수밖에 없어요. 살아간다는 것 자체가 실은 매일 매 순간 용기를 내는 일이었다는 걸. 우리는 생각보다 단단하고 강한 존재라는걸.

소극적인 용기부터 적극적인 용기까지 그 어떤 용기든 용기를 낼 때마다 나의 세계가 더 넓어지고 깊어졌다는 것을 기억하며, 오늘도 크게 숨을 들이마십니다. 다시 한번 용기를 내봅니다.

● 《용기》, 버나드 와버, 이혜원 옮김, 반디출판사, 2011.

◐ 우리의 오늘은 지금까지 우리가 낸 용기의 결과가 아닐까요. 그중에 가장 큰 용기를 내 시도한 일을 꼽는다면 무엇인지, 그렇게 용기를 낸 결과 무엇을 얻게 되었는지 풀어주세요.

✶ 생의 모든 시기마다 필요한 것

저는 요즘 한 남자의 사랑을 원 없이 받고 있습니다. 저를 볼 때마다 초롱초롱한 눈을 하고 입꼬리를 상큼하게 올리는 그는, 만나면 제 곁에서 떠날 줄을 모릅니다. 밥을 먹을 때도 꼭 제 옆자리를 사수하지요. 사랑을 표현하는 데도 주저함이 없어서 함께 걸을 때면 꽃받침 같은 입술로 이런 고백을 자주 합니다.

"내가 ○○ 많이 좋아해요. ○○, 사랑해요."

이야기의 긴장감을 위해 저를 부르는 호칭을 생략했는데요. 저에게 쏟아지는 이 엄청난 사랑을 (조금은 못마땅한 눈으로) 쭉 지켜본 아들이 그에게 앞으로 누구랑 결혼할 거냐고 묻자 그는 주저 없이 저를 선택했습니다. 누구인지 혹시 눈치채셨을까요? 힌트를 드리자면, 그는 저를 항상 '숙모'라고 부릅니다. 하하, 그러니까 그는 이제 다섯 살이 된 시조카입니다. 저를 볼 때마다 눈이 하트가 되는 이 아이를 보면서 시동생(시조카의 엄마)이 그러더라고요.

"언니, 이 시간을 즐겨요."

그러게요, 이렇게 누군가의 사랑을 듬뿍 받아본 게 얼마만인지. 눈에 별을 담은 어린이가 지순한 마음을 담아 산뜻한 사랑과 신뢰를 전해줄 때면, 대작가 빅토르 위고의 말이 떠올라 저도 모르게 미소를 짓게 됩니다.

'인생의 큰 행복은 우리가 사랑받고 있다는 확신이다.'

그나저나 저를 향한 다섯 살 어린이의 이 뜨겁고 순수한 사랑은 언제까지 계속될까요? 사랑 많은 어린이 조카는 언젠가 이 시간을 다 잊겠지만, 그래도 뭐 괜찮습니다. 제가 기억하면 되니까요.

생의 모든 시기마다 우리에겐 누군가의 다사로운 관심과 애정이 필요합니다. 최근에 '나는 사랑받는 사람이구나' 하는 걸 느껴본 적이 있나요? 누가 어떤 말과 행동으로 당신을 행복하게 했는지, 그때 어떤 기분이었는지, 소중한 순간을 오래 기억할 수 있도록 여기에 옮겨주세요.

✱ 행복의 열쇠는 계절에 있다

사람들이 어떻게 사는지 궁금해질 때면 종종 인스타그램 스토리에 들어가 봅니다. 15초 남짓한 짧은 영상과 사진 속에는 계절의 냄새가 묻어있을 때가 많아요. 바닷가에서 파도와 친구처럼 노는 아이들, 벚나무 사이로 잠깐씩 비치는 햇빛, 흰 눈이 쌓인 가지 위에 삐죽 고개를 내민 꽃눈, 쨍한 여름의 기운이 알알이 가득 담긴 빨갛고 푸른 과일들, 해가 사위어갈 때 낙하하는 낙엽, 비 온 뒤 육교에 뜬 쌍무지개, 땅과 풀의 냄새를 맡느라 작은 엉덩이를 부지런히 움직이는 강아지.

그날그날이 비슷한 것 같아도 햇살과 바람과 습도와 풍경은 조금씩 달라지고 부지런한 사람들은 그 기미를 누구보다 빨리 알아채지요. 그들은 앤드루 카네기의 이 말을 증명하는 사람들일지도 모릅니다.

'행복의 열쇠는 어디에나 떨어져 있다.'

그 열쇠를 부지런히 찾는 사람들 속에서 깨닫습니다. 견디고 버티는 것만이 삶이 아니라 찾고 누리고 즐기는 것도 삶이었음을. 그 기꺼운 진실을 잊지 않기 위해서라도, 바쁘게 삶을 이어가다 잠시 걸음을 멈추게 한 근사한 장면을 만나면 갈무리하듯 마음에 잘 저장하고 싶습니다. 다음 계절에도 그다음 계절에도 계속 꺼내볼 수 있도록.

● 이번 계절에 만난 가장 아름다운 장면은 무엇인가요? 그때의 풍경, 공기, 온도, 냄새는 어땠는지요.

✦ 필사하는 밤

매일 산책하는 사람들은 자연이 돌연 바뀌지 않는다는 것을 안다. 2월에 들어서면서부터 이미 봄은 존재했다. 흙이 부풀어 올랐고 나무줄기의 색이 바뀌었다. 벌레들이 나오기 시작했고, 고양이들의 소요가 길어졌다. 동그란 물방울을 입안에서 굴리듯 지저귀는 새가 숲에 새로 왔다. 봄은 단서들을 한껏 뿌리고 다녔건만, 도시의 건물 안에서는 감지하지 못했을 뿐이다.

(순간)

이 소중한 것들이 사라지기 전에

_ 《시와 산책》, 한정원, 시간의흐름, 2020.

3장

사람

언제나 지금 여기 우리 함께

우리말 중에 가장 좋아하는 단어를 하나 꼽으라면 저는 먼저 이 단어가 떠오릅니다. '우리'. '우'를 발음할 때 입술을 둥글게 모으는 것도 좋고 '리'라고 말할 때 입꼬리를 살짝 올리게 되는 것도 마음에 들어요. 게다가 '우리'라는 두 글자가 다른 호칭과 만났을 때 생기는 특유의 온기는 더욱 사랑할 수밖에 없지요. 누군가 내 이름 앞에 '우리'를 넣어 불러주면 괜히 가슴이 간질간질해집니다. 동그랗고 따뜻한 원 안에 좋은 사람과 함께 쏙 들어가는 느낌이랄까요. 그냥 엄마보다는 '우리 엄마'가 좋고, 선생님도 '우리 선생님'이 더 특별합니다. 가끔 독자님들이 저를 '우리 작가님'이라고 불러주실 때가 있는데 그때마다 좋아서 볼이 따끈따끈해져요. (지금도 그러네요.)

살면서 나를 '우리'라는 품에 넣어준 사람들을 생각할 때마다, 더 많은 사람을 '우리'로 부르며 살고 싶어집니다. 나라는 사람은, 인간은, 어째서 이토록 연약한가 싶을 때가 있는데, 그 모든 게 '우리'가 되기 위해서일지 모른다고 생각하면 위로를 받아요. 스스로 존재하지 못하는 한 사람 한 사람이 서로의 품에 안기어 보듬어주고 기대며 살라는 신의 뜻이 여기에 있지 않을까 생각하기도 합니다.

내가 우리가 될 수 있게 만들어주는 '사람'들은 때로 삶을 꾸려가는 영감이 되어줍니다. 어떤 아티스트는 자신의 영혼과 삶에 영향을 준 사람들을 스케치북 100권에 그려 전시한 적도 있어요. 그 이야기를 듣고 내 인생의 사람들을 한자리에 모으는 작업을 하는 동안 그가 느꼈을 인생의 충만함이 부러워서, 언젠가 내 사람들을 스케치하듯 글로 옮겨보고 싶다는 생각을 했는데요. 드디어 3장에서 우리의 사람들을 초대해 기록할 수 있어서 기쁜 마음입니다. 당신은 어떤 얼굴을 제일 먼저 떠올릴까요?

저는 먼저, 수없이 넘어지며 걸음마를 배우던 작은 아이였을 때 늘 곁에 있던 얼굴들이 떠오릅니다. 한시도 눈을 떼지 않고 "옳지" "잘했어" "괜찮아"를 몇 번이고 말해주던 존재들. 그들은 제게 처음으로 다시 일어서는 법을 가르쳐준 사람들이었습니다. 내가 누구인지 몰라도 그들이 사랑하는 나라서 나를 믿을 수 있었던 시간은 지금도 앞으로도 저를 지켜주는 큰 힘이 되겠지요. 끝끝내 믿어주는 것이 사랑이라는 것은 그때 배우지 않았나 싶습니다.

인생의 많은 시기를 함께하고 부대끼며 나의 안팎을 만들어준 사람들도 있습니다. 울고 웃고 다투고 화해하고 미워하고 사랑하면서 나를 자유롭게 하고 흔들던 사람들. 그들을 통해 우리는 다르면서도 비슷하고 비슷하면서도 다르다는 것을 배웠습니다. 그들에 비치는 나를 보면서 내가 어떤 사람인지, 어떤 사람이 되어야 할지 조금씩 알아갔던 것도 같습니다.

이 길이 맞는 것인지, 왔던 길로 되돌아가야 하는지, 다른 길을 찾아야 하는지 정처 없이 헤매던 시절, 넘어지고 깨지고 다치면서 자신만의 길을 찾은, 닮고 싶은 사람들의 글을 읽으며 밑줄을 긋던 제 모습도 생각납니다. 인생의 레퍼런스 같았던 그들이 없었다면 어제보다 오늘 조금 더 나은 사람이 될 수 없었을지 모릅니다.

세상이 뭐 이런가 싶을 때 인간의 아름다움이 무엇인지를 보여주던 이들도 생각합니다. 자신이 아닌 타인을 위해 믿을 수 없을 만큼 강한 힘을 내던 당신. 울고 있는 어깨 옆에 무릎을 굽히고 앉아 언제까지고 일어나지 않던 당신. 만날 때마다 미소로 환대해 주던 당신. 헤어질 때면 가만히 안아주던 당신. 행복하길 바란다며 단출한 마지막을 남기고 떠나던 당신. 인간은 모두 부서져 있지만 부서진 틈으로 빛이 들어온다고 썼던 당신. 당신들을 통해 지구의 모든 이들이 어떻게든 서로에게 영향을 준다는 것을, 우리는 서로 사랑하기 위해 태어났으며 사랑하는 일은 어떤 존재를 살게 하는 일이라는 것을 깨달았습니다. 이제는 그것이 우리들의 존재 의의가 아닐까 믿고 있습니다.

그 모든 얼굴을 페이지에 옮기며 생각합니다. '우리'가 언제까지나 서로의 삶을 함께하며 바라봐 줄 수 없다는 것을. 때로는 인연이 다해서, 때로는 마음이 어긋나서, 때로는 삶의 방향이 달라서, 때로는 우리 힘으로 어쩔 수 없는 사건 때문에, 때로는 각자에게 주어진 시간의 차이 때문에 모두 언젠가 헤어질 수밖에 없다는 것을. 꽃이 피고 지듯, 우리의 시간도 그렇게 꽃피웠다 스러진다는 것을. 누구나 인생을 살며 그러한 진실을 배우게 됩니다.

그것이 언젠가 못내 안타깝고 아쉬울 것을 알기에, 인생에서 함께한 한 사람 한 사람에 대하여 정성스럽게 오래 이야기를 나누고 싶었습니다. 3장의 질문은 그런 마음으로 준비했어요.

가끔 영화의 엔딩 크레디트에 올라가는 이름들을 보면 영화 한 편을 위해 수많은 사람이 함께한 시간이 그려져 벅차고 뭉클해질 때가 있는데요. 내 인생의 사람들을 불러오는 이 시간에도 '함께'라는 감동이 찾아오기를 바라고 있습니다. 그 마음과 여운이 우리의 남은 날들을 끝까지 위로하고 격려할 수 있을 거라고 믿어요. 서로의 인생을 채워주던 귀한 장면들을 떠올리며, 언젠가 다 같이 모여 근사한 뒤풀이를 할 그날을 상상할 수 있다면 더 행복할 것 같습니다.

✳ 그때 정말 고마웠습니다

몇 년 전부터 저는 지하철을 탈 때마다 잘생긴 청년 두 명을 떠올립니다. 아마 그들도 저를 기억할 거예요. 지하철 문에 발이 끼는 정말이지 어이없고 위험한 상황을 눈앞에서 보여준 사람이 바로 저거든요. 책을 보다가 내려야 할 역이라는 걸 뒤늦게 깨닫고 닫히려는 문을 향해 무식하게 몸을 날린 결과였습니다. 그 상황에서 설상가상으로 지하철이 출발하려고 하자 처음 그런 생각을 해봤습니다.

'이렇게 죽는구나.'

그때 문 맞은편에 앉아있던 청년 두 명이 번개처럼 일어나 온 힘을 다해 문을 잡아당겨 주지 않았다면 저는 이 자리에 없을 거예요. 그런데도 그날, 생명의 은인인 두 청년에게 제대로 된 인사를 하지 못했습니다. 놀라고 당황해 얼이 빠졌던 저는 문에서 발이 빠져나오자마자 뒤도 안 돌아보고 도망치듯 계단을 뛰어 올라갔거든요. 그 와중에 또 창피한 건 알았나 봐요. 정신을 차리고 보니 그게 어찌나 미안하던지요. 지하철 문이 닫혔어도, 부끄럽고 민망했어도 그 앞에서 한참 허리를 숙여 두 사람에게 진심으로 고마운 마음을 충분히 전했어야 했는데. 기회를 놓친 저는 지하철을 탈 때마다 매번 뒤늦은 인사를 기도하듯 보내고 있습니다.

'그때, 살려주셔서 정말 고마웠습니다. 사는 내내 복 받으실 거예요.'

◐ 그때는 깨닫지 못해서 혹은 사느라 바빠서, 고마운 인사를 제대로 전하지 못한 사람이 있나요? 그를 만날 기회가 주어진다면 어떤 말을 전하고 싶으세요? 고마운 사람에게 편지를 쓰듯 그 마음을 여기에 담아보면 좋겠습니다.

✳ 뒷모습은 거짓말하지 않는다

"뒷모습은 앞모습보다 더 많은 걸 보여줘요. 앞모습은 위장할 수 있어도, 뒷모습은 속일 수가 없어요."●

이성복 시인의 이 문장을 만났을 때 살면서 지나쳐온 뒷모습들을 오래 생각했습니다. 단단한 어깨로 든든하게 우리를 지켜주던 아버지가 세월에 굽은 등을 하고 신발을 끌며 느린 속도로 걸어가던 뒷모습. 초등학교 입학식 날, 작은 등을 다 가리는 가방을 처음 메고 학교에 간 아이가 실내화를 갈아신다 가방이 쏠려 휘청하던 뒷모습. 어떤 노랫말처럼 먼저 일어나겠다며 돌아서 서두르듯 떠나가던 연인의 마지막 뒷모습. 폐지가 빼곡하게 쌓인 손수레를 끌며 위태롭게 길을 건너던 노인의 뒷모습.

거짓말할 줄 모르는 등이 보여주는 작고 외롭고 애틋한 순간을 떠올리면 한 사람 한 사람의 인생이 마음에 사무칩니다.

누군가의 앞모습보다 뒷모습을 오래 바라보는 사람이 되고 싶습니다. 얼굴을 보고 나눌 수 없었던 이야기와 내가 미처 알지 못했던 이야기에 더 많이 귀 기울일 수 있다면, 한 사람을 정확하게 이해하고 사랑하는 그 어려운 일을 조금씩이나마 해낼 수 있지 않을까 생각해 봅니다.

● 《무한화서》, 이성복, 문학과지성사, 2015.

◐ 살면서 지나쳐온 누군가의 뒷모습을 떠올리고 있을 당신에게 묻습니다. 수많은 뒷모습 중에서 당신의 마음에 오래 남은 뒷모습이 있다면 누구의 것인가요? 그의 뒷모습에서 당신은 무엇을 보았던 걸까요?

✶ 별것 아닌 것 같지만, 도움이 되는•

일상에서 혹시 이런 사람을 만난 적이 있나요?

"사진을 부탁했을 때 굳이 묻지 않아도 '세로로도 찍어드릴까요?' 라고 말해주는 사람, 아이와 이야기할 때 쪼그려 앉아 시선을 맞춰주는 사람, 발표할 때 미소 띤 얼굴로 고개를 끄덕이며 들어주는 사람…"••

이렇게 우리 주변 어딘가에 숨어있을 법한 '좋은 사람'들의 이야기가 〈너무 착하잖아展〉이라는 전시로 일본과 국내에서 열린 적이 있어요. 이 전시의 원본을 엮어 《좋은 사람 도감》이라는 책이 나오기도 했고요. 작은 친절과 배려로 우리의 일상을 훈훈하게 만들어주는 고운 사람들, 우리도 언젠가 만난 적이 있지 않나요?

몇 년 전 공항에서 만난 할머니를 기억합니다. 비행기를 기다리는 게 지루한지 한 시도 앉아있지를 못하는 아이에게 계속 주의를 줄 때였는데, 앞에 앉아계시던 할머니가 저희를 보고 이런 말씀을 해주셨어요.

"일곱 살쯤 됐나? 잘 크고 있는 거예요. 아이가 가만히만 있으면 그게 어디 아픈 거지."

그 말씀에 엄마인 저도 그제서야 여유를 찾아 아이에게 빙긋 웃어줄 수 있었지요. 때때로 세상이 살 만하게 느껴지는 건 (톨스토이의 표현을 빌리면) "지금 내 곁에 있는 사람에게 선을 행하는" 좋은 사람들 덕분이 아닐까 생각합니다.

지구의 모든 좋은 사람들이 언제 어디서든 무탈하고 행복하기를!

• 레이먼드 카버의 단편 소설 제목 〈별것 아닌 것 같지만, 도움이 되는〉에서 차용.
•• 《좋은 사람 도감》, 묘엔 스구루·사사키 히나·미나코 지에미, 이지수 옮김, 서교책방, 2025.

◐ 살다 보면 '타인은 미처 만나지 못한 가족'이라는 말이 마음에 와닿을 때가 있습니다. 낯선 사람들의 친절을 만날 때 특히 그렇지요. 가족과 친구 아닌 처음 보는 누군가의 사소한 배려와 친절에 위로받거나 마음이 따스해졌던 적이 있나요? 언제 누구에게서 그런 마음을 느꼈는지 적어주세요.

✦ 필사하는 밤

난 말이지, 사람들이
친절을 베풀면
마음에 저금을 해둬

쓸쓸할 때면
그걸 꺼내
기운을 차리지

너도 지금부터
모아 두렴
연금보다 좋단다

(사랑)

언제나 지금 여기 우리 함께

_ 《약해지지 마》,〈저금〉, 시바타 도요, 채숙향 옮김, 지식여행, 2010.

✶ 인생은 험난해도 사람은 아름다우니까

할 수 있다면 꽃길만 걷고 싶습니다. 고생 끝에 낙이 온다는 말 따위는 발로 걷어차면서요. 어른들은 힘든 시간이 인생을 단단하게 만들 거라고 했지만 나름의 어려운 시간들을 건너와 보니 그게 꼭 그렇지는 않거든요. 어떤 터널은 지나가는 동안 몸과 마음이 피폐해질 대로 피폐해져 다시 일어설 때까지 너무나 많은 품과 시간이 들었습니다. 또 어떤 터널은 지난 후에도 외상후스트레스장애처럼 문득문득 상처가 되살아나 수시로 삶 앞에서 움츠리게 했지요. 그런 생각을 하면 사는 일에 불안과 두려움이 커지고 자꾸 자신을 잃습니다.

그런 제게 인생의 경이를 깨닫게 하고 인간을 사랑할 수밖에 없게 만든 이들은 '그럼에도 불구하고'를 마음에 품고 최선을 다해 자신의 시간을 통과해 온 사람들이었습니다. 깜깜하고 두렵고 외로운 그 시간 안에서 어떻게든 다시 삶의 의미를 찾아내는 사람들. 삶은 험난하지만, 그래도 아름답다는 것을 증명하기를 포기하지 않는 사람들. 제가 끝을 알 수 없을 것 같은 막막함을 이겨내고 다시 무언가를 시도한다면, 제게 조금의 겸손함이 있다면, 그것은 아마도 다 그들 덕분일 겁니다.

◐ 살다 보면 마음으로 존경하고 닮고 싶은 사람들을 만나게 됩니다. 그들은 우리 곁에 있는 가족이나 가까운 지인일 수도 있고, 역사나 이야기 속에서 만난 위대한 인물일 수도 있겠지요. 그중에 내가 가장 존경하는 인물 세 사람을 꼽으라면 누구를 고를 수 있을까요? 그들은 당신에게 어떤 영향을 주었나요?

✳ 누군가의 안부를 묻는 밤

인생의 소중한 순간에 함께했던 사람들이 그리운 날이 있습니다. 쉬는 시간마다 교실을 함께 빠져나가 이야기꽃을 피우던 단짝 친구들. 청춘의 시간에 고민과 불안을 함께 나누던 동료들.

한때는 삶의 전부였던 이들과 평생 함께할 거라고 철석같이 믿던 시절도 있었지만, 세월 앞에서는 인연의 끈도 닳을 수밖에 없는 걸까요. 우리는 함께 걷던 길을 어느 순간부터 혼자 걷게 됩니다.

인연을 지키지 못한 건 누구의 탓도 아닐 거예요. 우리에게는 저마다 그럴 수밖에 없는 사정이 있었습니다. 가정에 소속되고, 책임감에 허덕이고, 세월의 변화를 감당하다 보면, 어느새 저만큼 서로가 멀어져 있을 뿐인 거지요. 그렇다고 우리가 누군가를 진심으로 믿고 최선을 다해 사랑했던 마음들이 모두 사라진 건 아닐 거예요. 때때로 밀려오는 그리움이 바로 그 증거가 아닐까 생각합니다.

◐   SNS가 생기면서 서로의 안부를 묻는 일은 더 쉬워졌지만 어쩐지 만나지 못하는 사람들은 살면서 계속 늘어가는 것 같습니다. 당신에게도 그런 사람이 있나요? 만난 지 오래돼서 소식을 알 수 없지만 잘 지내느냐고 안부를 묻고 싶은 사람. 오늘은 그에게 편지를 써보면 어떨까요.

✳ 우리의 이야기가 끝나지 않았으면 하는 마음으로

아이에게 돌아가신 할머니 할아버지(부모님) 이야기를 해줄 때마다 저는 자꾸 말이 많아집니다.

"할머니는 엄마랑 예민한 건 비슷했어도 엄청 활달했어. MBTI로 치면 'E'였을 거야."

"할아버지는 내성적인 편인데 식구들 앞에서는 좀 달랐어. 개그맨이나 주변 사람들 흉내를 엄청 똑같이 내서 우리가 배꼽 빠지게 웃은 적이 많았거든."

"빨간 골뱅이무침은 할머니한테 배워서 엄마 진짜 잘하는데, 너도 언젠가 좋아하게 될 거야."

"할머니 할아버지는 여행을 가서도 손을 꼭 잡고 다니셨어. 그게 괜히 좋아서 엄마가 뒤에서 몰래 사진 찍은 적도 있어."

"엄마가 외출했다 돌아올 때 네가 좋아하는 거 한두 가지 꼭 사오잖아, 그거 다 할아버지 따라 하는 거다."

아마 앞으로도 저는 아이에게 그리운 부모님 이야기를 계속할 것 같습니다. 눈을 반짝이며 재미있어하는 아이의 반응이 예쁘고 고마워서이기도 하지만, 한편으로는 가족의 소박한 역사를 아이가 기억해 줬으면 하는 마음이 있습니다. 나라는 존재 안에 내가 살아보지 못한 많은 이야기와 시간이 함께 흐른다고 생각하면 사는 일에 더 힘이 나지 않을까 생각해요. 그럴 때면 아쉬운 마음이 듭니다. 내 부모님의 부모님 이야기도 두 분이 계실 때 더 많이 물어볼걸. 그 후회 때문에 앞으로도 저는 계속 수다스러운 엄마가 되지 않을까 싶어요.

● 나의 부모님(양육자)은 어떤 분인지(분이었는지) 적어볼까요? 평생 어떤 일에 가장 많은 시간을 썼으며 가장 사랑한 것이 무엇인지도 더듬어보면서요.

✳︎ 부부는 무엇으로 사는가

'부부'의 순우리말은 '가시버시'. 사전에는 "'부부'를 낮잡아 이르는 말"이라고 되어있습니다. 우리말 연구에 힘쓴 고(故) 김수업 교수는 이 점을 안타깝게 생각했다고 해요. '가시버시'에는 '각시와 벗하여, 각시를 벗 삼아, 각시를 벗으로' 같은 곱고 예쁜 뜻도 담겨있는데 쓰면 안 될 것 같은 말이 되어버렸다고요. 이에 대해서는 학계의 의견이 다양할 수 있는데요. 부부가 서로의 소중한 벗이라는 해석은 꽤 마음에 듭니다. 사이 좋은 부부들을 보면 가장 가까운 친구처럼 보이기도 하고요.

반면에 세상 누구보다 서로에게 가장 큰 상처를 주는 부부들도 있을지 모릅니다. 소설《안나 카레니나》의 첫 문장을 조금 바꿔 말하면 '행복한 부부는 비슷한 이유로 행복하지만, 불행한 가정은 저마다의 이유로 불행하기에' 부부의 복잡한 사정은 그들만이 알겠지요. 하지만 저마다의 사랑과 미움의 시간을 지나고 나면 많은 부부가 측은지심의 마음으로 서로를 바라보며 사는 것도 같습니다. 그렇게 함께한 세월을 미안해하고 고마워하면서 안쓰러운 눈으로 서로를 바라볼 수 있을 때 부부는 비로소 서로의 가장 좋은 벗, '가시버시'가 되는 건지도 모르겠습니다.

누군가를 온전히 사랑하는 데는 여러 감정이 필요하지만 그중에 우리의 사랑을 끝까지 지켜주는 감정은 연민이 아닐까 생각하곤 합니다. 사랑하는 사람(가족, 연인, 친구 등등)이 안쓰럽게 여겨졌던 어떤 순간이 있나요?

✦ 필사하는 밤

서로 사랑하라. 그러나 사랑으로 구속해서는 안 된다.
그보다는 그대들 혼과 혼의 두 언덕 사이에 출렁이는 바다를 놓아두라.
(…)
함께 노래하고 춤추며 즐거워하되 서로는 혼자 있게 하라.
마치 현악기의 줄들이 하나의 음악을 울리지만 줄은 서로 따로 있듯이.

서로 가슴을 주라. 그러나 서로의 가슴속에 묶어두어서는 안 된다.
(…)
함께 서있되 너무 가까이 서있지는 말라.
사원의 기둥들도 서로 떨어져 있고,
참나무와 삼나무도 서로의 그늘 속에서는 자랄 수 없으니.

(사랑)

언제나 지금 여기 우리 함께

_ 칼릴 지브란의 《예언자》중에서.

✱ 고독이 찾아오는 밤에는

사는 일이 괜스레 고독하게 느껴져 잠이 오지 않는 밤이면 애써 붙잡는 문장이 있습니다.

"사람은 누구나 자신에 대한 걱정과 보살핌으로 사는 것이 아니라 사람의 마음에 있는 사랑으로 사는 것입니다."●

대작가 톨스토이의 말에 기대면 사느라 잊고 있던 사랑의 장면이 하나씩 찾아옵니다. 꿈이 밥 먹여주냐는 말 대신 한 달 치 월급을 몽땅 털어 대학 등록금만큼이나 비싼 방송작가아카데미 수강료를 내어주던 오빠의 응원. 아무것도 아닌 내가 견딜 수 없었던 방송국 막내 작가 시절, 어느 프로그램을 떠날 때 '참 좋은 사람, 아름다운 사람'이라는 말이 담긴 손 편지로 인사를 전해주시던 부장님. 책을 몇 권이나 살 수 있는 기프트 카드를 생일 선물로 전해주며 '오래오래 건강하게 좋은 작품 많이 써줘'라고 후배의 글쓰기를 격려했던 선배의 따스한 문자메시지. "엄마는 제가 지킬게요. 저 힘세요." 할아버지의 기일 날, 귀여운 기도를 올리며 나를 안아주던 아이.

생의 어느 시기마다 손을 내밀어 준 이들을 얼마든지 떠올릴 수 있다는 걸 퍼뜩 깨닫고 나면 나를 보듬는 인생의 진실이 다가옵니다.

'내 삶이 나만의 것은 아니었구나.'

그제야 물러나는 묵은 외로움에 다시 포근해진 밤. 어느새 스르르 잠이 듭니다.

● 《사람은 무엇으로 사는가》, 레프 톨스토이, 이순영 옮김, 문예출판사, 2024.

◉ 인생의 어떤 시기(십 대부터 지금까지)마다 손을 내밀어 주고 응원해 준 사람들을 기억하세요? 그때, 그들은 당신에게 어떤 사랑과 응원을 전해주었나요?

✳ 당신을 새롭게 발견하는 날

누구나 한 가지 얼굴만 갖고 있지 않은데도 우리는 누군가의 단면만을 보고 다 안다고 생각하곤 합니다. 하지만 익숙한 일상이 빚어놓은 사소한 편견은 뜻밖의 순간에 깨지기도 하지요.

저는 가끔 아이의 공개수업에서 집에서와는 다른 새로운 모습을 발견하고 내가 아는 아이가 다가 아니라는 걸 느낍니다. 커다란 존재였던 아버지의 잠든 모습에서 아이 같은 모습이 보여 마음이 짠해지기도 했고요. 외할머니의 장례식장에서 본 엄마도 그랬습니다. 입관식을 하고 뒤돌아 나오던 엄마가 딸인 저를 보고 참았던 울음을 터뜨리셨을 때, 처음으로 엄마가 엄마로 보이지 않고 누군가의 작고 여린 딸로 보였어요. 그때 느꼈던 안쓰러움이 오랜 시간이 지나도 잊히지 않습니다.

내가 알던 그가 다가 아님을 깨닫는 순간이 자주 찾아오길 바랍니다. 우리가 몰랐던 또 다른 그를 만난다는 건, 그를 더 깊이 이해하며 제대로 사랑할 기회이기도 할 테니까요.

누군가를 완전히 이해하는 일은 우리가 죽을 때까지 해도 어려운 일일 겁니다. 그렇기 때문에 더 노력하고 싶고요. 그래서 드리는 질문입니다. 가까운 사람의 생각지도 못했던 모습을 보며, 그 사람을 좀 더 깊이 이해하게 된 경험이 있나요?

✻ 미움을 놓아주기 위해서

저와 사소한 일로 말씨름을 하던 아이가 화가 났는지 이 말을 하고는 등을 돌렸습니다.

"엄마, 진짜 싫어!"

이 말이 꼭 아이가 어릴 때 하던 "엄마, 미워!"처럼 들려서 슬쩍 웃음이 났습니다. 아기 때 생각이 나니까 다시 '다정 모드'로 바꾸고 싶어지더라고요. 지금도 어린아이가 있는 어느 집에서는 끊임없이 이 말이 흘러나오고 있겠지요.

원망도 미움도 서러움도 슬픔도 투명하게 표현하는 아이들을 보면 부럽기도 하고 후련하기도 합니다. 사랑과 미움은 인생의 양면처럼 같이 가는 건데 어른이 되면 미움을 그저 좋지 않은 감정으로 여기고 외면하는 경우가 많으니까요. 아마도 이런 마음 때문이겠죠.

'감정을 표현하면 관계가 끊기지 않을까.' '말해봐야 소용없지 않을까.' '결국에는 상처로 남지 않을까.'

그 마음을 이해 못 하는 건 아닙니다만 흐르지 않고 고인 감정들은 언제고 문제를 일으킵니다. 상담센터에서 꾸준히 등장하는 주제 중 하나가 '미움'인 것만 봐도 그렇지요. 우리를 괴롭히는 감정에서 벗어나는 가장 좋은 방법은 그것을 허용하고 인정하는 것이라고 하던데, 때로는 '미움'이 하는 이야기를 더 성의 있게 들어야 하지 않을까 싶습니다.

◐ 살면서 누군가를 미워해 보지 않은 사람은 없을 거예요. 당신이 가장 미워했던(미워하는) 사람은 누구인가요? 그의 무엇이 당신을 아프고 괴롭게 한 걸까요?

✳ 그런 사람을 가졌는가

"온 세상 다 나를 버려 / 마음이 외로울 때에도 / '저 마음이야' 하고 믿어지는 / 그 사람을 그대는 가졌는가."

함석헌 선생의 시 〈그 사람을 가졌는가〉를 이십 대에 처음 만났던 순간을 기억합니다. 사람이 사람에게 품을 수 있는 가장 아름답고 큰 마음을 마주하자마자 이상하게 머리는 어지럽고 마음은 먹먹했습니다. 시에서 재차 묻는 '그 사람'. "탔던 배 꺼지는 시간 / 구명대 서로 사양하며 / '너만은 제발 살아다오' 할 / 그 사람"을, 그런 우정과 사랑을 나는 앞으로 살면서 가질 수 있을 것인가. 그 크고 엄중한 질문 앞에서 간절한 열망과 쓸쓸한 예감이 한꺼번에 몰려왔기 때문인지도 모르겠습니다.

세월이 흘렀지만, 여전히 함석헌 선생의 질문 앞에서 마땅한 대답을 하지 못하는 저는 그저 오래전 인물들을 떠올립니다. 춘추시대의 이름난 거문고 연주가 '백아'와 그의 벗 '종자기'. 백아가 산을 오르는 생각을 하며 연주하면 태산을 떠올리고, 흐르는 강물을 생각하며 연주하면 물소리가 들린다고 말해주던 벗이 종자기였습니다. 백아는 종자기가 죽자 더는 연주를 하지 않았다고 하지요. 서로 마음이 통하는 친구를 뜻하는 '지음(知音)'은 이들의 이야기에서 나온 말입니다. 살면서 그런 한 사람을 가질 수 있다면, 내가 누군가의 그 한 사람이 될 수 있다면, 더없이 축복받은 인생이 아닐까 싶습니다.

◐　함석헌 선생의 시에 나오는 "'저 마음이야' 하고 믿어지는" 사람 중에는 이런 사이도 있을지 모릅니다. 공허한 마음과 사소한 농담을 나눌 수 있는 사이. 악의 없는 사담을 나누거나 내 허물과 실수를 털어놓아도 말이 나갈까 걱정하지 않아도 되는 사이. 그런 친구들이 당신에게도 있나요? 그들의 어떤 점을 믿고 사랑하나요?

✳ 고흐는 불행하지 않았다

37년이라는 시간 동안 지독한 가난과 고독에 시달렸던 고흐를 많은 이들은 '불운한 천재 화가'라고 부릅니다. 정신병에 시달리며 여러 차례의 발작을 겪으면서 모든 열정을 바쳐 그림을 그렸지만 생전에 팔린 그림은 〈붉은 포도밭〉 하나였습니다. 여기까지 적고 나면 그가 불운의 화가라는 데 동의할 수밖에 없지요. 하지만 고흐의 후원자이자 동반자, 네 살 터울의 동생 테오가 형에게 보낸 편지들을 보면 생각이 조금 달라집니다.

"내가 형만큼 섬세하진 못하지만, 이따금씩 형이 느끼는 감정에 나도 함께 휩싸이면서 도저히 풀 길 없는 많은 생각들을 하게 돼. 용기를 잃지 마, 형. 그리고 내가 얼마나 형을 그리워하는지 잊지 말길."

"전에 말한 대로 우린 아이를 형의 이름을 따서 빈센트라 부를 거야. 이 아이 역시 형처럼 강직하고 용감하기를 진심으로 기원하고 있어."

"우리가 형의 고통을 덜어줄 수 있다면 얼마나 좋을까."●

형을 누구보다 아끼고 사랑했던 테오는 고흐가 세상을 떠나자 갑자기 건강이 나빠져 6개월 뒤 서른셋의 나이로 숨을 거둡니다.

테오의 마지막은 세상에 사랑 없이 살 수 없는 사람들이 존재한다는 것을 말해주는 것만 같습니다. 좋은 삶이 무엇인지 한마디로 정의하기 여전히 어렵습니다만, 슬픔 속에서도 아름다움이 존재한다는 것을 보여준 두 사람을 떠올리며 생각합니다. 살아간다는 말은 결국 사랑한다는 말과 동의어인지도 모르겠다고.

● 《반 고흐, 영혼의 편지》, 빈센트 반 고흐, 신성림 옮김, 위즈덤하우스, 2024.

● 당신이 평생을 통해 지극하게 사랑한 한 사람이 있다면 누구일까요? 거꾸로 당신을 가장 사랑한 사람이 누구냐고 묻는다면 어떤 얼굴이 먼저 떠오르나요? 부디, 그들과 함께하는 시간이 오래 허락되기를 빕니다.

✦ 필사하는 밤

참된 사랑의 요소

1. 사랑하는 이의 생명과 성장에 대한 적극적인 관심에 뒤따르는 '보호'.
2. 그 사람의 필요에 맞게 응답하고 잘잘못을 함께 감당하려는 '책임'.
3. 한 인격의 독특한 개성을 있는 그대로 받아들이고 존중하는 '존경'.
4. 타인에 대한 전인적인 이해와 수용을 가능하게 하는 '지식'.

_에리히 프롬의 《사랑의 기술》 일부 요약.

- 이문재 시인의 시 〈소금창고〉 중 '옛날은 가는 게 아니고 이렇게 자꾸 오는 것이었다'에서 차용.

4장

추억

옛날은 가는 게 아니라 자꾸 오는 것

"엄마가 어릴 때 말이야~" "옛날에는 말이야~" 이런 '라테식 대화'를 가끔 하다가 아이에게 자제하라는 잔소리를 듣는 나이가 되었지만, 저도 한때는 어른들의 옛날이야기를 듣고 또 듣는 아이였습니다. 저는 그래도 요즘 친구들처럼 '라테'라며 질색하지는 않았고 엄마의 추억담을 듣는 걸 꽤 좋아했는데요. 가끔 궁금하기는 했습니다. 어떻게 어른들은 같은 이야기를 질리지도 않고 하고 또 하는 걸까. 아이가 만약 제게 같은 질문을 한다면 이제 어른이 된 저는 이런 대답을 할 것 같습니다.

"행복을 재현하고 싶어서일지도 몰라. 너도 그랬잖아. 지난봄 우리가 함께 갔던 종로와 삼청동 나들이가 자꾸 생각난다고. 길을 걷다 본 버스킹도 또 보고 싶고, 자색고구마 빙수와 수제 햄버거도 또 먹고 싶고, 돌아오는 길에 들른 영풍문고에서 만화책을 샀던 것도 생각나서 똑같이 또 해보자고. 어른들도 그런 마음일 거야."

잊을 만하면 다시 찾아오는 '복고 열풍'은 우리들의 그런 마음을 대변하는 것인지도 모르겠습니다. 십 대에 열광했던 만화가 극장판 애니메이션으로 재현되자 자막판과 더빙판을 모두 섭렵하며 N회 차 관람을 하고, 25년 만에 재개봉하는 추억의 영화를 보기 위해 극장을 찾고, 내 청춘의 웃음을 책임졌던 예능 프로그램을 다시 처음부터 정주행하고…. 그 마음 안에는 추억을 붙잡고 싶은 바람이 보입니다. 한때 내가 사랑했던 세계와 그 시절의 나와 조우하면서 우리는 위안을 받는 것도 같아요. 무엇인가 계속해서 지나가고 흩어지는 게 삶이지만, 자꾸 찾아오는 옛날을 생각하면서 인생이 꼭 그런 것만은 아니라는 생각을 하는 거지요. 저는 그럴 때면 우주에 사라지는 건 없어서 여기 아니면 다른 데 나타난다는 어느 이야기를 생각합니다. 그러면 지나간 어제와 물러갈 오늘에게 질척거리는 대신 언젠가 추억이 될 내일을 조금은 의연하게 기다릴 수 있을 것만 같습니다.

　　지금도 어딘가에서 누군가는, 꽃잎처럼 낙엽처럼 함박눈처럼 마음을 두드리는 추억 앞에서 "옛날에 말이야~"라고 운을 띄우며 지나간 시간을 재현하고 있겠지요. 저마다의 추억은 달라도 옛날을 되새기는 사람들은 비슷한 표정을 짓고 있을지도 모르겠어요. 알밤 맛도 나고 땅콩 맛도 난다는 연밥을 따 먹던 열두 살 적 이야기를 하며 볼이 발그레해지던 엄마처럼, 자정이 넘도록 콘서트가 길어져도 방방 뛰던 십 대를 회상하며 말이 빨라지던 친구처럼, 일이 빨리 끝난 어느 날 엄마 아빠에게 달려가 바싹 볶은 불고기와 실없는 농담을 안주 삼아 소주 한 잔을 마시던 날을 두고두고 떠올리는 나처럼, 울면서 싸우고 돌아와도 "할무이~"를 부르면 세상 그 어떤 서러움과 억울함도 서둘러 달아났다고 어린 날을 말해주던 남편처럼, 사람들은 누구나 추억을 이야기할 때 때로는 그립고 때로는 아쉽고 때로는 안타까운 얼굴을 하니까요.

지나간 시간의 아름다움을 꼭 이만큼의 시간을 건너와 멀리서 바라본 뒤에야 깨닫는 우리에게 더 많은 옛날이 자꾸 찾아오면 좋겠습니다. 어느 소설 속 노인이 했던 말처럼 "삶이란 인간이 아무리 애써도 끝내 충분히 가지지 못한 어떤 것"●이라면 그렇게라도 우리가 사랑한 시간을 한 번 더 만날 수 있도록. 기억의 힘으로 내일을 견디는 우리는 찰나의 해사한 웃음과 단 한 번의 따사로운 포옹과 순간의 그윽한 진실만으로도 어떻게든 또 살아갈 수 있을 테니까요.

옛날을 불러내는 4장의 질문들에 한 페이지 한 페이지 우리의 추억이 다르게 적히는 동안, 또 한 계절을 살아낼 힘을 얻을 수 있다면 좋겠습니다. 추억은 언제나 힘이 세니까 그럴 수 있을 거라 믿어요.

자, 그럼 이제 추억의 역으로 떠나볼까요?

● 《불안의 꽃》, 마르틴 발저, 배수아 옮김, 문학과지성사, 2008.

① **어린 시절 나는 어떤 사람이었나요? 어떤 꿈이 있고, 무엇을 가장 좋아했는지 적어주세요.**

✳ 행복과 불행의 비율 사이에서

인생에는 좋은 일, 기쁜 일이 더 많을까요? 아니면 나쁜 일, 슬픈 일이 더 많을까요?

이재무 시인의 시에 등장하는 어느 농부의 아들이 지난 시간을 돌아보며 했던 말이 먼저 생각납니다. "웃는 날도 있었지만 우는 날이 더 많았다."●

20세기의 위대한 작가 루이스 보르헤스도 우리 인생에는 '약간의 좋은 일과 많은 나쁜 일'이 생긴다고 말했다지요.

소박하고 따스한 풍경을 담은 그림으로 사람들을 행복하게 해주는 화가 미셸 들라크루아의 전시회 마지막 섹션에서 만난 문장도 그들의 이야기와 다르지 않았습니다. "저도 다른 사람들처럼 큰 만족, 몇몇 기쁨, 그리고 많은 잊을 수 없는 슬픔, 때론 짊어지기에 무거운 슬픔을 겪었습니다."

인생을 오래 살아본 이들은 그 누구도 '많은 기쁨'과 '몇몇 슬픔'이라고 말하지 않습니다. 대신 '많은 슬픔'과 '몇몇 기쁨'이라고 이야기합니다. 행복과 불행의 불균형한 비율에 맞서려면 별수 없습니다. 더 자주 기쁨의 순간을 꺼내보며 견디는 수밖에. 그것만으로도 우리는 생을 잘 견뎌낼 거라 믿습니다. 수많은 이들이 보여주었듯 암흑 속에서도 한 줄기 빛을 찾으면 다시 일어서는 존재가 바로 인간이니까요.

● 《슬픔은 어깨로 운다》, 〈농부의 아들〉, 이재무, 천년의시작, 2017.

① "24시간이 괴로워도 1초 잠깐 웃으면 어떻게든 살아"•지는 게 인생이라고 해요. 그 1초처럼 내 인생에 일어난 가장 기쁘고 좋은 일 세 가지를 꼽으라면 무엇이 떠오르나요?

• 〈미지의 서울〉, 이강 극본, 박신우·남건 연출, tvN, 2025.

✳ 어린이가 부러워하는 어른의 오늘

'어른이 되면 ○○을(를) 꼭 해볼 거야!' 이런 생각을 하지 않고 어른이 된 이가 있을까요? 어른들은 어린이를 보면서 입버릇처럼 "저때가 좋았지"라는 말을 자주 하는데 사실 어린이의 입장은 다를 수 있잖아요. 어른들이 하지 말라는 것도 많고, 내 맘대로 할 수 있는 것도 많지 않고요. 그러니 '언젠가 어른이 되면'이라는 기대를 품고 꿈을 꾸며 자라는 건 자연스러운 일일 거예요. 학원 스케줄로 꽉 찬 하루를 보내는 요즘 어린이들은 커서 하고 싶은 게 더 많을지도 모르겠습니다.

해마다 아이의 학교 공개수업에 갈 기회가 있는데, 그때마다 아이들이 품은 희망의 씨앗을 엿보는 재미가 쏠쏠합니다. 이번 해에는 6학년 아이들이 '어른이 되면 하고 싶은 일'이 무엇인지 발표하는 걸 보고 왔어요. 열심히 돈을 벌어 나를 키워준 엄마에게 용돈을 두둑하게 주겠다, 강아지 열 마리와 함께 살겠다…. 미소가 지어지는 아이들의 다양한 바람 중에는 유난히 두 단어가 많이 등장했습니다. '술'과 '여행'. 어른이 되면 맥주를 마시겠다, 친구와 여행을 떠나겠다, 이런 소원이 가장 많았거든요. 아이들은 왜 다른 무엇보다 그게 제일 하고 싶었을까요. 어른들이 술을 마시거나 여행을 할 때 가장 행복해 보였던 걸까요. 아이들의 마음을 헤아리려면 일단 우리의 어린 시절부터 소환해야 하지 않을까 싶습니다.

◐ 어린 시절, 어른이 되면 가장 먼저 해보고 싶었던 일은 무엇인가요? 막상 어른이 되어 경험해 보니 기대했던 것과 무엇이 같고 무엇이 달랐는지도 함께 생각해 보면 좋겠습니다.

✷ 십 대의 나에게

사춘기에 막 접어든 아이는 가끔 다섯 살 사촌 동생을 부러운 눈으로 바라봅니다. 아니 어떤 때는 시샘하는 것 같기도 해요. 나이 차이도 한참 나는 동생한테 왜 저러나 싶었는데, 어느 날 그런 이야기를 하더라고요. 어른들은 십 대 학생들을 싫어한다고. 엘리베이터에서도, 길을 가다가도, 친구들과 자기를 인상 쓰고 쳐다보는 어른들이 있다는 거예요. 그저 조금 크게 웃었을 뿐인데 그랬다면서 억울해하던 아이는 이야기 끝에 혼잣말처럼 이런 말을 덧붙였습니다.

"쪼끄만 아이들 보면 맨날 웃으면서."

아이의 투정 같은 말이 유독 기억에 남았던 건 언젠가 읽었던 이 문장 때문이었습니다.

"십 대: 이쁘다고 말해 주고 싶다, 너에게. 그때 그 불만투성이의 노여움과 서러움으로 가득한 내 눈빛을 보고 이쁘다고 해 준 사람이 아무도 없었기 때문에 더더욱."●

몸은 어른을 향해 가는데 여전히 여린 마음을 어쩌지 못해 거칠고 뾰족하게 굴면서도 누군가의 다정한 응원을 기다리던 십 대의 시간을 돌아보면 나와 비슷한 마음을 한 친구들이 보입니다. 불안하고 외로워서 자주 엉망이 되던 그 시간이 한 번씩 그리운 건, 마주 보는 거울처럼 함께 웃고 함께 울던 친구들 때문이겠지요. 다들 어디서 무엇을 하며 지내고 있을지. 멀리 창밖을 한 번 더 내다봅니다.

● 《마음사전》, 김소연, 마음산책, 2008.

◐ 십 대를 떠올릴 때 가장 먼저 생각나는 친구들은 누구인가요? 딱 하루 그때로 돌아가 그 친구들을 만날 수 있다면, 다시 해보고 싶은 것은 무엇인지도 궁금합니다.

✴ 사랑과 미열의 시간

스물세 살, 방송작가아카데미 동기들과의 MT 첫날 밤이었습니다. 꿈 많은 청춘들이 술을 한 잔씩 마시고 발그레한 얼굴로 동그랗게 모여 앉아있는데, 동기 한 명이 점을 봐주겠다고 나섰어요. 자신에게 '신기'가 있다면서. 하지만 호기심 가득한 반짝이는 눈을 한 순진한 이십 대들에게 돌아간 말들은 예의 없고 황당했습니다.

"너는 재능이 안 보여." "너는 끼 때문에 잠깐 반짝은 하겠어." "너는 글쎄, 남편 복하고 자식 복은 있지만 딴 건 모르겠네." "너는 남자를 조심해."

살면서 그 말들을 떠올린 일이 없었던 걸 보면 '신기'는 순 엉터리였던 셈인데요. 그래도 그때 우리 중 단 한 사람도 그 자리를 뜨지 않았어요. 무례와 실망에도 삶에 대한 호기심을 놓을 수 없었던 건, 그때의 우리가 세상에 대한 냉소나 의심보다 설렘과 기대를 더 많이 품던 청춘이기 때문이었을 겁니다.

쓴 소주를 달게 만들어준 친구들부터, 앞서 걷는 선배의 뒷모습, 희미하게만 느껴지는 내 꿈까지…. 그 모든 것에 빠져 자주 사랑의 미열을 앓았지만 그래도 빛이 나던 시간. 왜 어른들이 혼란스러운 청춘을 아름답다고 말하는지 이제는 압니다. 인간은 무언가를 사랑할 때 가장 빛나는 법이니까요. 마음에 벽을 치는 대신 무엇이든 쉽게 믿고 어렵지 않게 사랑하던 그 시간으로부터 우리는 얼마큼 멀리 온 걸까요. 그때의 나는 어디에 있는 걸까요.

오랜만에 청춘의 나에게 어느 노랫말을 빌려 인사를 전합니다.

"안녕, 아픈 사랑아. 안녕, 지친 친구야. 안녕, 오랜 꿈들아." ●

- 〈스물 끝에〉, 강민경 작사, 캡틴플래닛·강민경 작곡, 강민경 노래.

◐ 이십 대의 당신이 가장 열렬히 사랑했던 것 두 가지가 있다면 무엇이며, 당신은 그것에 왜 그토록 빠져들었나요?

✽ 우리가 받았던 무수한 밥상을 떠올리며

요리다운 요리를 시작한 건 결혼을 한 다음부터입니다. 그건 그전까지 누군가가 차려준 밥상을 받으며 살았다는 뜻이기도 하지요. 당연하고 무심하게 받아왔던 밥상을 손수 차리기 시작하자마자 그것이 꽤 수고로운 노동임을 알았습니다. 짧게는 30분, 길게는 한 시간 넘게 부엌에서 종종거리며 밥상을 차려내면 가족이 먹는 시간은 고작 10분 남짓. 남은 반찬과 빈 그릇을 치우고 식탁 여기저기 묻은 양념과 국물 자국을 지우고 있노라면, '앞으로도 이 수고는 무한히 반복될 것이고 그것을 그 누구도 알지 못하겠지' 하는 생각에 허탈해지기도 합니다.

특별한 외식이 아닌 이상, 우리가 평범하게 먹었던 한 끼를 누구도 오래 기억하지 않습니다. 어제나 그제 저녁에 무엇을 먹었는지 아느냐고 물으면 바로 대답할 수 있는 이가 얼마나 될까요. 어느 날 문득, 그것을 깨닫자마자 내가 받았던 무수한 밥상들이 떠오르기 시작했습니다. 뚝배기에 탐스럽고 소복하게 올라와 있던 계란찜과, 한 번 튀겨낸 뒤 양념을 얹어 조린 고등어와, 넓고 납작한 냄비에 꽁치와 두부가 사이좋게 담겨 보글거리던 김치찌개와, 떡국 떡에 소불고기를 볶아낸 간장떡볶이처럼 평범하고 소박하게 내 앞에 놓이던 밥상들. 그 풍경 뒤에는 언제나 그림자처럼 당신이 서있었습니다. 그런 당신을 잊지 않기 위해, 다시 한 끼를 식탁에 차려낼 때마다 뒤늦은 인사를 전하듯 정성껏 내가 나에게 말합니다.

"잘 먹겠습니다!"

◉ 우리가 지금까지 받은 밥상은 얼마나 될까요. 그 수많은 밥상을 모두 기억할 수는 없지만 나를 위해 누군가가 밥을 차려주던 정성과 마음은 잊지 않고 싶습니다. 당신은 누군가가 나를 위해 차려주었던 밥상 중에서 오래 기억하고 싶은 밥상이 있나요? 그 밥상에는 어떤 얼굴과 추억이 있나요?

✛   필사하는 밤

엄마가 굳이 우리에게 배추적 만들기를 시키지 않은 이유.
그건 배추적 부치기가 어려워서만은 아닐 거라고.
그저 배추적만큼은 가장 나중까지 손수 부쳐
자식의 입에 직접 넣어주고 싶었을 것이라고.
할 수 있는 한, 최대한으로 미뤄서라도
배추적의 맛만큼은 오래오래 가족에게 전하고 싶었을 것이라고.

_《그리운 날엔 사랑을 지어 먹어야겠다》, 류예지, 책과이음, 2024.

✳ 인생의 첫 페이지

심윤경 작가의 에세이 《나의 아름다운 할머니》에서 작가는 두 돌도 안 된 아기였던 시절의 어느 날을 인생의 첫 기억으로 떠올립니다. 어린 작가가 열무 이파리를 쪼아 먹던 노랑 병아리를 만지다가 병아리한테 콕 쪼였던 날. 마침 곁에 있던 할머니가 얼른 보고 손주의 작은 손을 감싸 쥐며 토닥이지요.

"병아리가 애기 예쁘다고 그런 거여. 괜찮여." ●

할머니의 다정한 위로에 세상이 여전히 좋은 곳이라는 걸 의심하지 않고 자랐다는 작가의 따스한 이야기를 읽다 보면 우리들 기억의 첫 페이지도 궁금해집니다.

사람이 떠올릴 수 있는 생애 최초의 기억은 대략 세 살부터 세 살 반 정도에 형성된다고 하지요. 최근에 12개월 된 아기도 해마를 통해 기억을 형성할 수 있다는 연구결과가 나오기는 했지만, 아기의 기억이 얼마나 오래 지속되는지는 여전히 의문이라고 해요. 우리는 누구나 어머니의 뱃속에서 세상 밖으로 나온 첫날을 기억하지 못합니다. 그렇다면 어떤 의미에서 인생이라는 이야기의 시작은 태어난 날이 아니라 우리가 처음 기억하는 그날이라고 말할 수도 있지 않을까요.

우리의 마음 안에 오래 잠겨있던 인생의 첫 장면에는 과연 어떤 이야기가 담겨있을까요? 내 인생의 첫 문장을 쓰기 위해 아득한 시간을 건너가려니 어쩐지 가슴이 두근거립니다.

● 《나의 아름다운 할머니》, 심윤경, 사계절, 2022.

기억의 수면 아래 있던 날들도 오래 생각하다 보면 문득 떠오르기도 해요. 오늘은 가장 밑에 깔려있을지도 모를 인생의 첫 기억을 찾아보면 좋겠습니다. 인생의 첫 페이지에 나는 몇 살이었는지 누구와 함께였는지 무엇을 보았는지 하나하나 떠올리는 데 성공하시길 빕니다.

✻ 함께여서 모든 날들이 좋았어

억새와 코스모스가 피고 귤밭의 귤들이 노랗게 예뻐지는, 여름에서 가을이 되던 시간. 아이와 단둘이 제주 동쪽으로 한달살이를 다녀온 적이 있습니다. 여행에서 돌아온 지 이제 1년이 다 되어가는데, 우리는 때때로 또 다른 이름의 여행을 계속하고 있어요. 추억이라는 이름의 여행이지요.

"엄마, 우리 그때 비가 막 쏟아질 때 갔던 데가 동화마을이었나. 석상이 어마어마하게 많았던 데. 요즘 자꾸 생각나." "우리가 네잎클로버 발견한 데가 산굼부리 맞지? 거기 억새 바람 진짜 시원했는데."

그날의 냄새와 바람과 맛이 아이를 부르면 엄마인 제게도 제주가 다시 찾아옵니다. 3년 만에 운전을 다시 시작해 조금은 떨면서 다니던 제주의 밭담. 햇살이 내리쬐는 바닥에 누워 배를 보이는 순한 강아지들을 반달눈이 되어 바라보던 어느 책방 사장님. 까맣고 부드러운 모래가 좋아 두 번이나 찾아간 해변의 일몰에 쨍한 미소를 짓던 아이. 쏟아지는 하늘을 온몸으로 받으며 맞던 센 바닷바람. 저물어가던 주황빛 노을 아래서 장난을 치는 아이를 바라보던 순간. 강물처럼 맑은 바닷물에 드리운 우리의 그림자를 바라보던 시간.

아이와 함께 감탄했던 풍경과 사람들의 이야기는 아이가 자라면 더 애틋하고 소중해지겠지요. 지나간 우리의 어떤 날들이 그랬던 것처럼. 추억이 또 이렇게 사랑으로 적힙니다.

◐ 사랑이란 시간을 내어주는 일이라고 생각합니다. 우리가 누군가와 종종 여행을 떠나는 건 사랑이라는 이름의 시간을 서로에게 주기 위해서일지도 모르겠어요. 사랑하는 사람과 함께한 여행 중에서 가장 행복했던 시간은 언제였고, 그 여행에서 그와 무엇을 나누었나요?

✳ 나의 동네

가끔 제가 사는 아파트에서 몇 블록 떨어진 동네를 일부러 찾아가 걸을 때가 있습니다. 아담한 언덕에 연립주택이 사이좋게 모여있어 갈 때마다 어릴 적 옛 동네를 생각하게 하는 곳이지요. 이제는 사라지고 없는 추억의 동네와 꼭 닮은 길을 걷다 보면 어딘가에서 이 노래가 들리는 것만 같아요.

"내가 걷는 거리 거리거리마다 / 오 나를 믿어왔고 내가 믿어가야만 하는 사람들 사람들 사람들 사람들 / 그리고 나에겐 잊혀질 수 없는 한 소녀를 내가 처음 만난 곳 / 둘이 아무 말도 없이 지치는 줄도 모르고 온종일 돌아다니던 그곳." ●

사랑했던 노래가 머릿속에서 흐르면 다 잊은 줄 알았던 어떤 순간들이 오래된 영화 필름처럼 펼쳐집니다. 심심하면 시간을 때우던 만화 가게, 동네 슈퍼의 키 작은 냉장고를 열고 쭈쭈바를 꺼내 먹으며 깔깔대던 친구, 뽑기가 있던 작은 문방구 앞에서 하릴없이 시간을 보내던 어느 날, 밤늦게 집 앞 골목까지 데려다주고 뒤돌아서던 연인의 뒷모습을 비추던 가로등. 노래가 끝나면 그리움이 노을처럼 번져, 내가 아는 그 길에 서있던 사람들에게 마음으로 손을 흔들며 인사를 건넵니다.

다들 어떻게 지내고 있나요?

● 〈동네〉, 김현철 작사, 김현철 작곡, 김현철 노래.

● 당신은 어릴 때 살았던 동네에서 주로 누구와 시간을 보냈으며, 무엇을 할 때 가장 즐거웠나요?

✱ 너에게 가장 좋은 것을 주고 싶어서

생일은 1년에 딱 하루뿐이지만, 우리 가족은 생일 전날과 생일 당일, 이틀 동안 서로의 생일을 축하해 줍니다. 생일 전야제까지 챙기는 나름의 이 전통은 제가 부모님께 이어받은 것이기도 해요.

"내일이 최고 기쁜 날인데, 그럼 오늘부터 기뻐야지. 하루만 기쁘면 섭섭하잖아. 오늘은 생일 전야제니까 파티하고, 내일은 진짜 생일이니까 또 파티하고, 어때 좋지?"

생일 때마다 어떤 선물을 받았는지(받았는지 아닌지도) 다 잊어버렸지만, 생일 주인공인 저보다 더 들떠있던 엄마의 목소리와 술잔을 챙기며 흐뭇한 미소를 짓던 아빠의 표정은 여전히 선명합니다.

살면서 나 자신이 한심하고 미운 날도 있었지만 그 시간을 어찌어찌 지나오며 다시 나를 사랑할 수 있었던 건 부모님이 나라는 존재에게 때때로 보여준 넘치는 환대 덕분이 아니었을까 생각해요. 그것이 제가 부모에게 받은 가장 큰 유산이라고도 할 수 있겠지요.

이 사랑의 유산을 아이에게도 전해주고 싶어 우리의 생일 파티는 해마다 길어집니다. 지난번 아이 생일 때는 전야제 파티 기간이 늘어 '생일 주간'을 보냈지요(특별히 한 것은 없지만). 그래도 아이는 이런 말을 하더라고요.

"아, 생일이 이렇게 빨리 지나가 버려서 너무 아쉬워."

부모 되기가 이렇게 쉽지 않습니다.

◐ 부모님(양육자)이 내게 전해준 사랑의 방식 가운데 가장 좋은 것이 있다면 무엇이고, 그것은 삶에 어떤 영향을 주었을까요?

✚ 필사하는 밤

서로가 서로에게 기쁨과 위로를 주는 시간이 찾아올 때면 크리스마스에 전구가 들어오는 것처럼 마음이 환해졌다. 헤매던 마음이 비로소 생의 의미를 찾아 단단하게 자리 잡는 기분이었다. 그래서일까. 나는 누군가의 반짝이는 기쁨이 되기 위해 발랄한 몸짓을 하는 아이를 볼 때마다 계속 다짐을 하게 된다. 다시 사랑하는 일을 절대 그만두지 말자고. 아이였던 그때처럼 당신을 기쁘게 하는 일을 결코 포기하지 않겠다고.

_《어린이의 말》, 박애희, 열림원, 2023.

✷ 이름의 역사

제 이름, '애희'를 지은 건 아빠였습니다. 제가 태어난 날, 아빠는 저를 보자마자 엄마에게 이런 말씀을 하셨다고 해요.

"아기 이름은 '애희'로 짓자. 사랑하는 딸을 낳아서 기쁘니까. 사랑 애(愛), 기쁠 희(喜). 어때, 좋지?"

아들 둘에 이어 막내로 딸이 태어난 게 반갑고 기뻐 단순하고 즉흥적으로 이름을 지었다는 이야기를 그 후로도 자주 들었는데요. 언젠가는 아빠의 꿈이 아들 삼 형제를 갖는 거였다는 말을 듣고 어린 마음에 배신감이 들어 아빠에게 삐진 적도 있었어요. 그 마음이 오래가지 않았던 건 엄마와 아빠가 입버릇처럼 했던 이 말 덕분이었습니다.

"우리 딸 없었으면 어쩔 뻔했어."

그 때문인지 '혜영'이나 '수경' 같은 이름이 흔하던 시절, 조금은 예스럽고 촌스럽게 느껴지는 '애희'라는 이름을 딱히 싫어하지 않았습니다. 가난이 집안 곳곳에 배어있던 어린 시절을 지나오면서도 기죽지 않고 있는 그대로의 나를 그런대로 긍정하는 어른이 될 수 있었던 것도 나라는 존재가 누군가에게 사랑과 기쁨이 될 수 있다는 걸 두 분이 소소한 말들로 증명해 주셨기 때문일 거예요. 그것이 내가 가진 몇 안 되는 행운 중 하나였다는 걸 압니다. 그래서인지 언젠가부터는 이름에 어울리게, 사랑이 많은 사람으로 살고 싶다는 바람을 품고 있습니다.

이렇게 쓰고 보니 비록 즉흥적이긴 했어도 '사랑과 기쁨'이 담긴 '애희'라는 이름이 사는 내내 저를 지켜주었다는 생각도 드는데요. 어쩌면 그것이 아빠의 큰 그림이었을까요?

◐ 우리의 이름 안에는 저마다의 사연이 담겨있습니다. 이름을 지어준 이들의 고민과 바람 같은 것들이지요. 당신의 이름은 누가 어떤 뜻으로 지어주었나요? 그렇게 지어진 당신의 이름을 얼마나 좋아하나요?

✷ 시간을 가로지르는 마법사

"냄새는 수천 마일 그리고 그동안 살았던 모든 시간을 가로질러 당신을 실어 나르는 강력한 마법사다." 시각 장애와 청각 장애를 지녔던 헬렌 켈러가 생전에 했던 말인데요. 2024년 베니스 비엔날레에서 〈오도라마 시티〉라는 제목으로 전시를 연 구정아 작가의 소식을 보면서 헬렌 켈러가 그 자리에 왔다면 어땠을까 궁금해졌습니다. 오도라마(Odorama)는 향기를 뜻하는 오도(Odor)와 드라마(Drama)를 합친 단어이기 때문이지요.

보통 전시에 가면 시각적 요소를 중심으로 한 작품들을 많이 보게 되는데, 이 전시에서 공개한 건 놀랍게도 '향'이었어요. 한국의 도시나 고향에 얽힌 향에 관한 기억과 사연을 수집한 다음, 그것을 토대로 열일곱 개의 향을 만들어 전시를 구성한 건데요. 베니스에서 선보인 전시가 서울에서 귀국보고전으로 열렸을 때는 향에 관한 이런 사연도 공개됐어요. '초여름이나 초가을 녹사평역에서 삼각지역으로 새벽에 자전거를 타고 귀가할 때 가로수가 울창한 내리막길을 달리던 향기.' 그리움이 담긴 시의 한 구절 같은 추억을 공유하다 보면 '우리가 공간을 회상하는 방식을 탐구하는 기회를 제공하고 싶었다'는 작가의 의도를 이해하게 됩니다.

마들렌 냄새를 맡으며 어린 시절을 떠올린 작가 마르셀 프루스트처럼 우리에게도 추억의 냄새가 있겠지요. 아이가 어릴 때 동그란 이마에서 나던 달차근한 아기 냄새나, 무지개 다리를 건넌 반려견의 발바닥 젤리에서 나던 고소하고 쿰쿰한 냄새 같은 것들. 왜 어떤 냄새는 더 맡을 수 없는데도 그리움과 함께 더 선명해지는 걸까요.

◐ 인생의 어떤 소중한 순간에는 특유의 냄새가 스며있습니다. 그중에 당신이 꼭 한 번 다시 맡고 싶은 그리운 냄새가 있다면 무엇인가요?

✻ 누구에게나 사연이 있는 음식이 있다

음식에는 저마다의 기억이 담겨있습니다. 시간의 빛깔은 한 가지가 아니어서 우리는 모든 음식 앞에서 같은 표정을 짓지는 않지요. 때로 어떤 음식 앞에서는 정지화면이 된 것처럼 수저를 들지 못할 때도 있습니다. 전쟁 때 먹을 것이 없어 한동안 순무만 먹었던 기억에 이제는 순무를 먹지 않는다는 어느 소설 속 주인공의 이야기와 사업에 실패하고 여관을 전전할 때 한동안 먹었던 음식인 청국장을 평생 먹지 못한다는 누군가의 사연처럼 말이지요.

저희 집에서는 좀처럼 국수를 먹는 일이 없었는데 나중에 알고 보니 아빠가 가난하고 배고팠던 어린 시절에 물리도록 드셨던 게 국수였습니다. 국수 앞에서 아빠가 떠올릴 가난과 서러움을 염려해 엄마는 국수를 상에 올리지 않았던 거예요. 제게는 호두과자가 그런 음식입니다. 엄마가 조혈모세포 이식으로 대학병원 무균실에 입원했을 때, 보호자로 제가 함께 있었는데요. 무균실에서 일반 식사를 하는 것도 불가능하고 엄마를 혼자 두는 것도 마음이 편치 않아 지하 매점으로 달려가 호두과자 몇 개를 사 엘리베이터 안에서 먹으며 저녁을 때우던 날이 많았어요. 호두과자를 보면 그때 생각에 마음이 쓰려서 예전처럼은 사 먹지 않게 되더라고요.

언젠가 《밥 먹다가, 울컥》이라는 책 제목 앞에서 내용도 모른 채 제목을 참 잘 지었다고 생각한 적이 있어요. 아마 그때 저는 이렇듯 저마다의 아픈 사연이 담긴 어떤 음식을 떠올렸나 봅니다.

◐ 누구에게나 사연이 있는 음식이 있습니다. 당신이 마주하면 울컥하게 되는 음식과 그에 얽힌 사연을 들려주세요.

✳ 내 인생 단 하나의 명장면

사랑하는 연인과 함께하는 순간이 벅차오를 때, 아이의 까르륵 웃음소리에 세상을 다 가진 것 같을 때, 오래 공들인 일을 마침내 해낸 내가 너무 자랑스러울 때. 살아가다 벅차게 행복한 순간을 만날 때면 한 번쯤 바라게 됩니다. 이 순간이 영원하면 좋겠다고. 그런 마음이 찾아올 때면, 고레에다 히로카즈 감독의 영화 〈원더풀 라이프〉를 생각합니다.

　죽음 이후의 세계를 담은 영화 속 주인공들은 모두 세상을 떠난 사람들이에요. 이승과 저승의 중간 세계라고 할 수 있는 '림보'라는 공간에서 이들은 평생을 돌아보며 가장 소중한 순간 하나를 골라야 합니다. 천국에는 단 한 가지 기억만 가져갈 수 있고 나머지 모든 기억은 사라지거든요. 친할머니 댁의 눈밭에서 보던 고요한 풍경, 비행기를 타고 하늘을 가르던 순간, 이루어질 수 없었던 약혼자와 벤치에 함께 앉아있던 모습, 어린 시절 오빠와 춤추던 시간, 아이가 태어나던 순간. 사람들이 고른 단 하나의 기억은 특별하고 대단하기보다 소박하고 평범했습니다.

　살아가다 보면 이 영화 속에서 만난, 우리의 오늘과 하나도 다르지 않은 한없이 평화롭고 하등 특이할 것 없는 날들이 가끔 떠오를 때가 있습니다. 그때만큼은 어떻게 살 것인가 하는 막막하고 어려운 질문에 이런 대답을 하고 싶어집니다.

　삶이란 거창한 그 무엇이 아니라, 그저 지금 이 순간일 뿐입니다.

◐ 무척 어려운 질문이 될 수 있지만 그래도 한 번은 묻고 싶습니다. 당신 인생의 가장 소중한 단 하나의 기억을 고른다면 어떤 순간을 선택하시겠어요? 그 순간이 당신에게 특별한 이유는요?

✦ 필사하는 밤

이제 세부적인 것은 기억에 없지만, 한 가지, 어딘가에서 차를 세우고 피크닉 점심을 먹었던 일, 모래가 많은 땅에 담요를 펼치고 애나의 아름답게 빛나는 얼굴을 건너다보았던 일은 떠오른다. 그때 그는 강렬한 행복감이 큰물처럼 밀려오는 바람에 눈에 눈물이 고이기 시작했고, 자신에게 말했다. 이 순간을 기억하도록 해, 애야, 남은 평생 기억해, 앞으로 너한테 일어날 어떤 일도 지금 이것보다 중요하진 않을 테니까.

_ 《바움가트너》, 폴 오스터, 정영목 옮김, 열린책들, 2025.

5장

취향

고독한 세계에서 우리가 사랑한 것들

당신은 어떤 사람인가요?

이런 질문 앞에서 단호하고 정확하게 대답할 수 있는 사람은 많지 않을 것 같습니다. 한마디로 자신을 정의하고 설명하기에 인간이란 너무나 복잡하고 다면적인 존재니까요. 한 사람 한 사람에게 어떤 잠재력이 있는지, 다양한 경험에 노출됐을 때 우리가 어떻게 달라질 수 있을지, 우리는 아는 것보다 모르는 게 더 많습니다. 이렇듯 평생을 살아도 나를 완전히 이해하는 일은 불가능하겠지만, 적어도 내가 무엇을 좋아하고 사랑하는지는 아는 사람이길 바랍니다. 우리가 좋아하는 것은 저마다 다르고, 다르다는 건 다시 말해 '고유성'이기도 하니까요. 자신의 호오(好惡)를 아는 질문에서 출발하면 개별적이고 고유한 나를 찾기가 더 쉬울지 모릅니다.

자신만의 세계를 구축해야 하는 아티스트에게도 '나는 무엇을 좋아하는가'는 중요한 질문이자 영감이 됩니다. 케이팝 여성 솔로 가수 중 최초로 빌보드차트에 진입한 블랙핑크 제니의 솔로 1집 〈루비〉도 그렇게 만들어졌어요. 셰익스피어의 희곡 《당신 좋으실 대로(As You Like it)》를 만난 순간 제니는 머릿속에서 이런 질문을 떠올렸다고 해요. '응? 나는 뭘 좋아하지?' 그 질문에 답하려면 생각할 수밖에 없었겠죠. 삶의 작은 사건 하나하나가 자신을 어떻게 변화시켰는지, 자신이 어떻게 여기까지 오게 됐는지, 어떤 사람인지.

자신을 돌아보던 끝에 제니는 다짐합니다. '이번 앨범은 나 좋을 대로 만들 거야! 누가 뭐라 하든 신경 안 쓸 거야.' 회사에서는 당연히 반대했을 거예요. 대중의 사랑을 받는 가수에게 기대하는 것들이 있으니까요. 지금까지의 대중적인 인기도 어쩌면 그 기대에 어느 정도 부응했기에 따라온 결과일 수도 있지요. 그럼에도 제니는 싸워서 자신이 좋아하는 것들로 앨범을 만들어요. 대중의 취향이 아닐 수 있을지라도 제니는 믿었습니다. 전해질 사람들에게는 충분히 전해질 거라고. 그 말을 하는 제니의 표정은 무척 근사했습니다. 자신을 있는 그대로 표현하는 사람에게서 보이는 자부심과 행복이 얼굴에 가득했거든요. 결국 제니는 그렇게 지켜낸, 자신이 가장 좋아하는 음악으로 케이팝 역사를 새로 썼습니다. 아카데미 시상식에서 봉준호 감독이 전해 유명해진 마틴 스코세이지의 말 "가장 개인적인 것이 가장 창의적인 것"이 떠오르는 이야기지요.

요즘 출판사 대표와 작가로 대중의 사랑을 받는 박정민 배우의 이야기도 하고 싶습니다. 그의 연기만큼이나 글을 좋아하는 팬들이 많은데요. 그는 한국예술종합학교에 다닐 때 의외로 글쓰기 수업에서 글을 못 쓴다며 꾸중을 많이 들었다고 해요. 그러다가 이십 대 중반쯤, 자신이 진짜 좋아하는 글을 따라서 써봐야겠다고 결심한 후부터 사람들이 글을 조금씩 읽어주기 시작했대요. 자신이 좋아하는 걸 쓰기 시작하자 전에는 자신의 글을 본 척도 안 하던 사람들이 반응하기 시작한 거죠. 그때 얻은 자신감이 지금의 글쓰기로 쭉 이어졌다는 이야기•를 읽으며 또 한 번 깨닫습니다. 누구나 가장 좋아하는 걸 가장 잘할 수 있고 거기서 오는 자기다움이야말로 인간의 가장 큰 매력이라는 걸 말입니다.

그래서 가끔은 아쉽습니다. 우리가 청소년기에, 공부는 잘하고 있냐는 질문 대신 어느 대학에 갈 거냐는 질문 대신, "네가 진짜로 좋아하는 건 뭐야?"라는 질문을 더 많이 더 자주 받았다면 어땠을까요. 그랬다면 자신이 어떤 사람인지에 대한 고민을 조금 더 일찍, 더 여러 번 할 기회가 있었을 테고, 방황의 시간이 줄어든 만큼 나와 내 삶을 지금보다 더 구체적으로 사랑할 수 있지 않았을까요. 그렇다고 시간을 되돌릴 수 없으니 부질없는 질문을 자꾸 던지는 대신, 이제라도 이 질문을 제대로 마주하고 싶습니다.

내가 좋아하고 싫어하는 것들은 무엇인가.

이 거대한 세계에서 우리는 모든 것을 좋아할 수도 좋아할 필요도 없습니다. 우리에게 주어진 시간은 세상의 몇몇을 제대로 좋아하고 사랑하기에도 부족할 테니까요. 그렇다면 나의 내면에 집중해 진짜 좋아하는 일에 우리의 남은 시간과 에너지를 쓰고 싶습니다. 내가 좋아하는 것들이 곧 나 자신이고, 그것이 곧 가장 창의적이고 아름답다는 것을 믿기에.

• 〈씨네21〉, 배우 박정민 인터뷰 기사 '나로 공존하기'(2024) 중에서 요약.

우리의 삶을 구원할, 좋아하고 사랑하는 것들에 대해 더 많은 이야기를 나누며 살 수 있다면 좋겠습니다. 그런 의미에서 5장의 질문들이, 자신만의 세계로 향하는 작은 문이 되었으면 합니다.

✷ 내 마음을 나도 모를 때

"어떤 물건에 욕망을 느끼는지를 보면 그 사람을 알 수 있다."

김신회 작가의 에세이 《꾸준한 행복》을 읽다가 이 문장에 설득당했습니다. "건강보조제에 자주 마음이 흔들리는 사람이라면 평소 건강에 대해 염려가 많은 사람"이고, "식재료를 냉장고 가득 담아두어야 안심 되는 사람이라면, 남들보다 식탐이 강하거나 굶주림에 대한 불안이 높은 사람"일지 모른다는 이야기였는데 그럴듯하지 않나요. 비누에 집착하는 편이라는 작가는 자신 또한 이렇게 분석합니다. "지금보다 자신을 더 청결하게 만들어, 흠이 덜한 사람이 되어야 한다"•라는 무의식이 소비로 이어지는 거라고.

특별히 욕심내는 물건은 없는 편인 저도 '피너츠' 굿즈를 보면 눈이 커져요(저의 피너츠 사랑은 책 《어린이의 말》에서도 고백한 적이 있어요). 곡선 몇 개로 쓱쓱 이루어진 동글동글한 캐릭터들에 유난히 취약한 건 삶의 무게를 덜어내고, 모나고 뾰족해지려는 마음들을 순화하고 싶어서인지도 모르겠어요. 그 외에는 향 좋은 티백을 모으는 데 살짝 욕심이 있는데, 그러고 보니 이것도 몸과 마음을 정화하고 싶은 욕구에서 이어진 것도 같네요.

세상에서 가장 모르겠는 게 내 마음이라는데, 이렇게 또 나를 알아가는 방법을 하나 배웁니다.

• 《꾸준한 행복》, 김신회, 여름사람, 2025.

◐ 다른 물건에 비해 자주 사게 되거나 특별히 욕심내는 물건이 있다면 언제부터 어떤 이유로 사기 시작했는지 돌아봐 주세요. 물건에 대한 욕망을 통해 나 자신을 조금 더 이해할 수 있기를 바랍니다.

✽ 시의 순간

영화 〈인터스텔라〉에서 주인공 쿠퍼는 지구를 떠나 인간이 살아갈 행성을 찾으러 우주로 떠납니다. 가족과 인류를 위해 희망을 품고 출발하지만, 다시 돌아올 수 있을지 확신할 수 없는 상황. 쿠퍼는 지구가 멀어지고 우주의 어둠이 펼쳐질 때 이어폰을 꽂고 MP3로, 지금으로 치면 ASMR 같은 지구의 소리를 듣습니다. 바람 소리, 새가 지저귀는 소리, 빗소리, 천둥소리. 그 장면을 보면 지구가 아름다운 이유 중 하나가 소리에 있을지 모른다는 생각을 하게 됩니다.

만약 지구를 떠나게 된다면 우리는 어떤 소리를 담게 될까요. 태아 시절의 양수를 기억하기 때문인지 먼저 떠오른 건 다음과 같은 물소리들입니다. 텐트에서 듣던 빗소리, 꽃샘추위가 남아있는 봄에 숲에서 은은하게 들리는 눈 녹는 소리, 호수의 가장자리가 찰랑거리는 소리. 어떤 영화에서 본 대나무 숲의 바람 소리도 떠오르네요. 또, 어릴 적 동네 야구 연습장에서 방망이가 공에 맞을 때 들리던 '따앙~' 하는 통쾌한 소리, 딸기잼 병을 처음 열 때 나는 '뻥~' 하는 후련한 소리, 사락사락 책장을 넘기는 소리, 강아지가 작은 발바닥으로 마루를 타닥타닥 건드리는 소리도 빼놓을 수 없습니다. 아, 지금 글을 쓰고 있는 제게 들리는 적축 키보드에서 나는 작은 조약돌 소리도 마음이 편안해져요.

쓰다 보니 그런 생각도 듭니다. 눈을 크게 뜰 때보다 귀를 활짝 열 때 더 많은 '시의 순간'이 찾아오는 건 아닐까. 베토벤이 "소리는 우리의 영혼에 다가오는 가장 순수한 형태의 예술"이라고 했다던데 그 뜻을 조금은 알 것도 같습니다.

당신이 좋아하는 소리들은 어떤 소리인가요? 일상에서 접하는 소리부터 먼 기억 속 소리까지 내 영혼을 건드린 소리들을 모으다 보면 우리가 생각하는 것보다 이 지구가 더 아름답다는 걸 새삼스레 느끼게 되지 않을까요.

✷ 소울 푸드에 대하여

"당신이 무엇을 먹었는지 말해달라, 그러면 당신이 어떤 사람인지 알려주겠다."

프랑스의 미식가 브리야사바랭의 말처럼 음식 한 그릇에는 그 이상의 의미가 있습니다. 잊고 있던 사랑을 일깨워 주는 한 그릇, 앓고 난 뒤 허한 몸을 채워주던 따끈한 요리. 먹을 때마다 보고 싶은 얼굴이 겹쳐 자꾸 찾게 되는 음식에는 각자가 살아온 시간과 장소와 이야기도 함께 담겨있으니까요. 우리는 그런 음식을 '소울 푸드'라고 부르기도 하지요.

실연하고 펑펑 울던 나를 데려가 친구가 사준 설렁탕. 감기를 앓고 날 때마다 엄마가 끓여주던 김치 콩나물죽. 세상과 사람들에 시달려 속이 쓰릴 때마다 찾아가는 단골집의 샤부샤부. 이처럼 누구에게나 몸과 마음을 달래는 영혼의 음식이 있고, 그것을 들여다보면 누군가의 삶이 더 가깝게 느껴집니다.

오늘 우리는 무엇을 먹게 될까요? 그것이 무엇이든 지친 몸과 마음에 한 줌의 용기와 위로와 힘이 되는 음식이길 바랍니다. 그 한 그릇 앞에서 누군가가 떠오른다면 전화를 걸어 이렇게 말해도 좋겠지요.

"밥은 먹었어요?"

아프고 힘들 때 제일 먼저 생각나는 음식이야말로 우리의 몸과 영혼을 위로하는 소울 푸드가 아닐까 생각합니다. 당신에게도 그런 음식이 있나요? 그 음식을 언제 처음 먹었고 왜 좋아하게 됐는지도 생각해 보세요.

✷ 인생의 테마를 찾는 법

한 작가의 작품을 소설부터 산문까지 다 읽어보면(마찬가지로 한 감독의 영화를 데뷔작부터 최근작까지 쭉 살펴보면) 모든 작품을 잇는 하나의 줄기를 발견할 때가 있습니다. 작가만의 테마나 화두라고 할 수 있는 것들이 보이는 건데요. 그게 꼭 대단한 작가들에게만 있는 건 아닐 거예요. 얼마 전 아이는 엄마인 저의 테마를 파악했거든요. 제가 좋아하는 문학 작품이나 영상 작품을 곁에서 함께 본 적이 많아서인지 어느 날 제게 이런 말을 하더라고요.

"나 이제 엄마 스타일을 완전히 알 것 같아. 엄마는 따뜻한 힐링물이나 성장물을 좋아해. 엄마나 아이, 할머니, 할아버지 같은 가족 이야기에 특히 약하고."

최근에 챙겨 본 작품들을 보니 문학이건 영상 작품이건 할 것 없이 결이 정말 비슷하더라고요. 눈물을 펑펑 쏟으며 봤던 드라마 〈폭싹 속았수다〉부터 십 대 소녀와 할머니가 주인공인 소설 《순례 주택》, 알츠하이머를 앓는 엄마의 반짝이는 기억을 담은 그림 에세이 《순간을 달리는 할머니》, 몇 번이나 다시 읽고 있는 상실과 성장에 관한 아름다운 동화책 《긴긴밤》. 이런 작품만 봐도 '성장' '상실' '엄마'라는 몇몇 공통 키워드가 보입니다. 지나온 시간과 취향이 섞인 저만의 인생 테마라고 해도 무리가 없죠.

당신에게도 있나요? 유독 마음이 끌리고, 자꾸 보게 되고, 궁금해서 참을 수 없는 이야기. 나만의 '최애 작품' 리스트를 자세히 들여다봐 주세요. 분명 이전에는 몰랐던 내 인생의 화두를 발견하게 될 겁니다.

◐ 당신이 좋아하는 이야기(책, 영화, 드라마 등)를 다섯 편에서 열 편 정도 골라보세요. 그 작품들에 혹시 공통된 주제가 보이나요?

✶ 구체적으로 애쓰지 않으면 행복은 오지 않는다•

누구나 행복하길 바라지만 막상 '행복'을 생각하면 어쩐지 막연하게 느껴지는데요. 뿌옇기만 하던 행복이 조금 선명하게 다가왔던 책이 있습니다. 서은국 교수의 《행복의 기원》이라는 책인데, 일단 "행복은 거창한 관념이 아니라 구체적인 경험"이라는 정의부터 명쾌했어요. "쾌락에 뿌리를 둔, 기쁨과 즐거움 같은 긍정적 정서"를 "여러 모양으로 잘 느끼는 사람"••이 더 행복하다는 이야기에는 어떤 사람들이 눈앞에 그려지기도 했습니다.

이제는 돌아가셨지만 죽는 날까지 좋아하는 물건을 쓰고 싶다며 예쁘고 세련된 잠옷을 여러 벌 사고 좋아하는 DVD도 착착 사들이던 사노 요코 할머니, 침실 조명을 '백열등'으로 바꾸고 '하얀 침대 시트'를 깔고 웃었다는 김정운 문화심리학자 같은 사람들. 행복을 '구체적'으로 야무지게 챙기는 그들이야말로 인생의 작은 기쁨을 모아 큰 기쁨을 만들 줄 아는 사람들이 아닐까요.

그들의 작은 기쁨과 행복이 샘이 나는 저는 일단, 달달한 향이 나는 프렌치 바닐라 티를 우린 뜨거운 물에 오트밀크를 섞어 밀크티 한 잔을 만든 다음, 며칠째 내리고 있는 비를 구경하러 거실 창가로 가겠습니다.

- • 문화심리학자 김정운의 저서 《바닷가 작업실에서는 전혀 다른 시간이 흐른다》(21세기북스, 2019)의 카피인 "구체적으로 애쓰지 않으면 행복은 결코 오지 않는다"에서 차용.
- •• 《행복의 기원》, 서은국, 21세기북스, 2024.

◐ 요즘 당신을 행복하게 만드는 작고 사소한 기쁨은 무엇인가요? 대답을 최대한 구체적으로 쓰면, 추상적이고 어렵게 느껴지는 행복이 조금 더 명확하게 보인다고 해요. 예를 들면 '여행'이라고 쓰는 대신 '가족이나 친구와 글램핑을 가서 대하구이를 구워 먹을 때'라고 써보는 건데요. 행복을 자주 발견하기 위해서는 '구체적'인 연습이 필요하다는 걸 기억하며 일상의 작은 기쁨을 떠올려보세요.

✚ 필사하는 밤

올리브는 생이 그녀가 '큰 기쁨'과 '작은 기쁨'이라고 생각하는 것들에 달려 있다고 생각했다. 큰 기쁨은 결혼이나 아이처럼 인생이라는 바다에서 삶을 지탱하게 해주는 일이지만 여기에는 위험하고 눈에 보이지 않는 해류가 있다. 바로 그 때문에 작은 기쁨도 필요한 것이다. 브래들리스의 친절한 점원이나, 내 커피 취향을 알고 있는 던킨 도너츠의 여종업원처럼. 정말 어려운 게 삶이다.

_《올리브 키터리지》, 엘리자베스 스트라우트, 권상미 옮김, 문학동네, 2010.

✳ 행복의 고수가 전하는 빼기의 기술

행복해지려면 무언가를 더 가지거나, 더 해야 할 것 같지만 행복의 고수들은 다르게 말합니다. 소소한 일상의 행복을 글과 그림으로 담아 사랑받는 작가 마스다 미리는 어떻게 하면 행복해질 수 있느냐는 질문에 "무엇을 하고 싶은지가 아니라 무엇을 하고 싶지 않은지가 중요하다"라고 이야기한 적이 있고요. MZ 세대가 노년의 롤 모델로 꼽는 윤여정 배우는 예순이 넘은 후부터 작품을 결정하는 가장 큰 기준이 '좋아하는 사람'이라고 하지요. 싫어하는 이들과는 절대 일하지 않는 게 원칙이고요. 에세이 《귀찮지만 행복해 볼까》를 쓴 권남희 번역가도 어느 순간부터는 번역하고 싶지 않은 책은 정중히 사양하고, 만나고 싶지 않은 사람은 굳이 만나지 않으면서 세상에 폐를 끼치지 않는 한도에서 세상을 왕따시키며 살고 있다고 고백한 적이 있습니다.

완벽한 디자인이란 '더 이상 뺄 것이 없는 상태'를 말한다는 이야기가 생각납니다. 우리도 행복을 위해 무엇보다 먼저 인생에서 덜어낼 것을 추려야 하는 게 아닐까 싶은데, 이 우아한 기술은 어떻게 얻을 수 있을까요. 말씀드린 세 사람의 나이에서 그 힌트를 얻을 수 있습니다. 마스다 미리는 현재 56세, 권남희 번역가는 59세, 윤여정 배우는 78세. 행복의 기술은 연륜과 함께 얻어진다는 진실이 성급한 일반화의 오류(예가 고작 셋이니)라고 할지라도 철석같이 믿고 싶은 건 저뿐만은 아니겠지요.

◐ 행복을 디자인하기 위해서는 내가 좋아하는 것도 알아야 하지만 싫어하는 것들도 알아야 합니다. 당신이 싫어하는 것(사람, 일, 장소, 냄새 등등)은 무엇이 있을까요? 하나하나 적다 보면 분명 조금 더 행복해지는 방법을 찾게 될 거예요.

✱ 우리의 인생 영화를 몇 번이나 더 볼 수 있을까

금요일 저녁이나 주말이 되면 아이는 기대에 부풀어 제게 묻습니다.

"엄마, 이번엔 우리 어떤 영화 볼 거야?"

아이가 십 대에 접어든 뒤로, 제가 오래 사랑했던 영화들을 함께 보고 있어요. 호흡이 짧은 콘텐츠를 좋아하는 알파 세대이기에 처음 몇 번만 같이 보고는 자기 취향이 아니라며 자리를 뜰 줄 알았는데 의외로 아이는 인생 영화로 〈시네마 천국〉을, 좋아하는 배우로 톰 행크스를 꼽는 영화 팬이 되었습니다. 나온 지 오래된 영화를 볼 때는 필름 영화가 아니냐고 물어보며 아날로그 정서가 좋다고 말할 정도지요.

제가 십 대에 본 영화를 시청할 때면 아이와 비슷한 나이로 돌아가 친구처럼 수다를 떨고, 이십 대에 본 영화를 시청할 때면 훌쩍 자라 어른이 된 아이를 상상하는 이 시간이 요즘 참 감사하고 행복합니다. 우리의 인생 영화를 앞으로 살면서 몇 번이나 더 볼 수 있을지, 이 시간이 언제까지 이어질 수 있을지 잘은 모르지만, 하나는 압니다. 언젠가 우리는 지금 이 순간들을 영화 속 한 장면처럼 기억하게 될 거라는걸. 오늘도 부지런히 인생 영화의 목록을 모으는 이유입니다.

● 사랑하는 사람과 몇 번이고 함께 보고 싶은 인생 영화가 있나요? 그 영화를 특별히 사랑하는 이유와 함께 보고 싶은 사람도 적어주세요.

✴ 이상형을 말할 때 이야기하는 것들

이십 대의 제가 가장 사랑한 배우는 두 사람이었습니다. 클린트 이스트우드와 알 파치노. 빛나는 외모의 레오나르도 디카프리오나 키아누 리브스에 열광하던 또래들과 달리 아버지뻘 이상으로 나이가 많은 배우들을 좋아했던지라 요즘 애들답지 않다는 말도 많이 들었어요. 그래도 저의 배우 투 톱은 오랫동안 변하지 않았습니다. 세월이 고스란히 느껴지는 클린트 이스트우드의 찡그린 미간과 사연이 담긴 것 같은 알 파치노의 형형한 눈빛을 보면 이상하게 심장 한쪽이 저릿했습니다. 그때의 저를 사로잡은 건 아마도 그들의 '시간'이었을 거예요. 저만큼의 시간을 건너가야만 알 수 있는 인생의 비밀들을 빨리 알고 싶은 마음과 어른스러운 어른이 하루빨리 되고 싶었던 바람이 강렬했던 시절이었습니다. 그것이 한동안 두 배우를 제가 이상형으로 꼽았던 이유였어요.

그래서 그렇게 어른스러운 사람과 결혼했냐고 누군가가 묻는다면, 그저 조금 웃다가 이런 이야기를 건네지 않을까 싶습니다. 내가 바라는 사람을 찾고 기대하는 것보다 나 스스로 내가 바라는 사람이 되는 게 중요하다는 걸 아는 나이가 되었다고.

물론, 아직 갈 길이 멀다는 것도 잘 알고 있습니다만.

● 　　당신의 이상형은 어떤 사람이고, 왜 그런 사람을 바라게 되었을까요?

✴ 우리가 사랑한 맛집

동네 지하철역 근처 허름한 골목길에서 30년 넘게 영업 중인 닭갈빗집은 우리 가족의 단골집입니다. 자극적이지 않으면서도 깊은 맛이 나는 양념 닭갈비를 치즈에 찍어 먹는 맛도 일품이고, 문어며 새우를 잔뜩 넣어 노릇노릇 구운 해물파전도 별미라 금요일 저녁에 종종 찾습니다. 갈 때마다 사람이 바글바글한데도 친절하고 재바른 아주머니 사장님들의 프로다운 운영으로, 주문도 요리도 서빙도 물 흐르듯 이어지죠.

지글지글 맛있게 익은 닭갈비가 윤이 반들반들한 솥뚜껑에 담겨 나오면, 남편은 소주 한 잔을, 아이는 사이다 한 잔을, 저는 소주와 사이다를 섞은 한 잔을 들고 서로에게 말해줍니다.

"이번 주도 수고 많았어."

그러고는 닭갈비와 말랑한 떡과 잘 익은 채소들을 쏙쏙 골라 먹으며 이번 한 주 가장 좋았던 일과 가장 힘들었던 일들을 돌아가며 이야기해요. 남은 양념에 밥 한 공기까지 야무지게 볶아 먹고 나면 입가심으로 디저트를 먹기 위해 이웃한 카페로 자리를 옮깁니다. 그곳에서 슈퍼 마리오를 닮은 인심 두둑한 사장님이 아낌없이 꾹꾹 눌러 담아준 유기농 아이스크림을 먹으며 시시껄렁한 농담 따먹기를 하고 깔깔댄 다음에는 근처 골목길과 동네 공원을 에둘러 걸으며 산책을 합니다. 가족만의 리추얼이자 맛집 순례인 셈인데요. 집으로 돌아올 때면 언젠가부터 우리는 늘 같은 소원을 빌고 있습니다.

"단골 가게들이 계속 잘돼서 우리가 오래 찾아갈 수 있게 해주세요."

좋은 날, 사랑하는 이들과 종종 찾게 되는 식당이 있나요? 그곳을 생각하면 어떤 이야기가 떠오르는지도 남겨보세요.

✳ 인생의 밑줄

제게는 스무 권 남짓한 필사 노트가 있습니다. 이십 대 초반, 처음 방송 작가로 일할 때 기사를 검색하거나 책을 읽다 마음을 건드리는 문장을 만나면 잊지 않기 위해 노트에 메모하기 시작했어요. 그게 습관이 돼서 지금까지 (노트, 핸드폰 메모 앱, 노트북 파일 등에) 문장을 모으고 있습니다. 원고 작업을 하다 일이 잘 안 풀릴 때 이 메모들을 꺼내 다시 읽곤 하는데요. 얼마 전에는 아이가 그 모습을 보고 진지하게 이런 제안을 했습니다.

"엄마, 이것도 책으로 내."

그래서 말했지요.

"이건 엄마가 쓴 문장도 아니고, 다른 사람의 문장을 메모한 거야. 엄마한테는 이게 소중하지만 다른 사람들은 관심 없지."

엄마의 말에 아이는 고개를 갸웃하며 말하더군요.

"나는 엄청 궁금한데."

제가 좋아하는 작가들이 어떤 책을 읽고 어떤 문장에 밑줄을 치는지 늘 궁금한 것처럼 아이도 그런 마음이겠지요. 좋아하는 이의 세계와 사유에 관심이 가는 건 당연한 일이니까요.

그날 저는 노트북에 아이 이름의 철자를 딴 'J에게'라는 폴더를 만들었습니다. 책을 읽다가 아이에게 들려주고 싶은 문장을 찾으면 차곡차곡 모아둘 계획입니다. 이 이야기들이 인생의 거창한 지침이 되기보다는 엄마의 다정한 흔적 정도로 남았으면 해요. 제가 찾은 문장 밑에 아이가 찾을 인생의 문장들을 응원하며, 때로 짧은 편지를 쓴다면 더 좋겠지요. 언젠가 훌쩍 큰 아이는 이 문장들을 읽으며 어떤 표정을 지을까요. 그 모습을 상상하는데 왜 콧등은 시큰해지는지 모르겠습니다.

● 당신만의 '인생 문장'이 있나요? 왜 그 문장이 당신의 마음에 들어왔는지 적어보고, 만약 없다면 이번 기회에 천천히 책과 콘텐츠를 찾아 나만의 문장을 만들어보면 좋겠습니다.

✛ 필사하는 밤

저는 여전히 자유로워질 방법을 모르고 늙고 죽는 당연한 이치 앞에서 어쩔 줄을 모릅니다. 그러니 질문을 갖고 책을 읽으면서 저는 제 질문이 저만의 것이 아니며, 저처럼 많은 이들이 삶과 죽음으로부터의 자유를 꿈꾼다는 것을 알았습니다. 그 앎이 저를 살게 합니다. 우리가 비슷한 존재라는 것, 비슷한 고통을 겪고 비슷한 꿈을 꾼다는 사실에서 힘을 얻습니다.

(취향)

고독한 세계에서 우리가 사랑한 것들

_《책 먹는 법》, 김이경, 유유, 2015.

✱ 어린이가 아니었던 어른은 없다

어느 예능 프로그램을 보다가 출연자들이 초등학교 때 어떤 어린이였는지 서로 이야기 나누는 걸 듣게 됐습니다. 뜀틀을 좋아하고, 줄넘기를 좋아하고, 곤충채집을 좋아하고, 그림 그리는 걸 좋아해 만화책을 직접 만들던 어린이였던 그들은 어른이 된 지금과 닮은 것 같기도 하고 다른 것 같기도 했어요. 처음엔 어릴 때 좋아하던 것과 지금 하는 일들이 얼핏 상관없어 보여 의외구나 했는데, 한편으론 어릴 때 그런 성향이 있으니까 지금 이런 일도 잘하는구나 싶은 면도 있었습니다.

얼마 전에 저는 거의 20년 동안 만나지 못했던 초등학교 때 단짝 친구로부터 인스타그램 DM을 받았습니다.

'너 어릴 때도 글 쓰고 그림 그리는 걸 그렇게 좋아하더니 작가가 되었네. 그럴 줄 알았지.'

그 말을 들으니까 기분이 묘했어요. 어릴 때의 나를 까맣게 잊고 살았다고 생각했는데 어쩌면 내 안에 그 아이는 계속 나와 같이 있었던 건지도 모른다는 생각이 들었거든요.

어른들의 얼굴에서 가끔 아이 같은 얼굴이 보이면 궁금해집니다. 작은 아이였을 때 저 사람은 무엇을 좋아하고 사랑했을까. 그것을 언제까지 사랑했고 어떤 시간을 지나 어른이 됐을까. 그런 상상을 하다 보면 어쩔 땐 누군가의 머리를 쓰담쓰담해 주고 싶은 충동이 들어요. 기특하고 애틋한 마음이라고 할까요. 아무 때나 튀어나오는 엄마 페르소나. 이거 좀 주책인 거 맞지요.

◐ 어린 시절, 나는 무엇을 좋아하고 잘하는 어린이였나요? 어른이 된 지금 나는 그때와 무엇이 비슷하고 무엇이 다를까요?

✱ 잊을 수 없는 선물에 담겨있는 것들

마감이 임박해서 한참 원고 작업을 하던 어느 날 저녁, 동네 지인으로부터 문자메시지를 하나 받았습니다.

'바쁠 것 같아서 문밖에 두고 가요. 제가 한 거라 입맛에 맞을지 모르겠는데 오늘은 이걸로 저녁 대신하세요.'

얼른 현관문을 열어보니 바닥에 냄비가 있더라고요. 금방 끓였는지 손잡이도 여전히 뜨끈한 냄비를 들고 들어와 뚜껑을 열었는데, 세상에…. 손수 끓인 감자탕이 소복하게 담겨있었습니다. 그 냄비 안에는 김이 모락모락 나는 구수한 감자탕만 들어있는 게 아니었지요. '바쁘게 일하다 혹여 끼니를 놓치면 어떡하나. 일하다 식사를 준비하려면 고단할 텐데. 저녁으로 이걸 먹으면 한결 편안한 밤을 보내겠지.' 이런 따스한 배려와 애정과 관심도 가득 담겨있었습니다.

나를 위해 고민하고 애쓴 누군가의 정성과 마음이 담긴 선물은 쉬이 잊지 않습니다. 오래전 신혼여행을 다녀왔을 때, 신혼집에 놓여있던 엄마의 화분들도 그랬습니다. 신혼집은 새 아파트였는데 혹여 새집 증후군으로 딸이 고생할까 봐 차도 없는 엄마가 택시를 타고 직접 사다 나른 대형 화분을 보며 눈물이 핑 돌던 순간이 지금도 화분을 볼 때마다 종종 떠오르거든요(지금은 엄마가 준 화분 중 단 하나만 살아남았지만).

우리가 잊지 못하는 좋은 선물에는 언제나 귀한 마음이 들어있습니다.

당신이 편안하고 행복하면 좋겠어요. 당신이 힘들거나 아프지 않으면 좋겠어요.

그 마음을 당신께도 전해드립니다.

살면서 우리가 사람들에게 받은 선물을 한번 돌아봐 주세요. 그중에 특별하게 기억에 남는 선물은 무엇이고 거기에는 어떤 사연이 담겨있나요?

✳ 시간이 지나도 버릴 수 없는 것

한 작가가 헌책방에서 우연히 자신의 책을 발견했습니다. 꽤 오래전에 출간된 책이라 어떤 시간 여행을 거쳐 여기까지 왔나, 책을 펼쳤다가 첫 장에서 자신의 사인을 발견하고는 조금 씁쓸한 마음이 됩니다.

어디선가 이 이야기를 읽고는 무언가를 버리거나 정리한다는 것이 어떻게 보면 누군가의 마음 한 조각을 어딘가로 보내는 일일 수도 있겠다는 생각을 한 적이 있습니다. 어쩌면 제가 버린 것 중에도 그런 마음이 담긴 물건이 있었을지도 모를 일이지요.

2년 동안 쓰지 않은 물건은 그때그때 정리를 하는 것이 새로운 기회와 복을 가져오게 한다는 어느 정리 전문가의 이야기를 듣고 난 후부터 집에 물건을 쌓아두지 않으려고 노력하는 편입니다. 그런데 특별히 쓰거나 꺼내지 않아도 버릴 수 없는 것들이 있어요. 산문의 아름다움을 처음 알게 해준 피천득 선생의 수필집 초판본, 아이가 고사리 같은 손으로 그렸던 우리 집 강아지, 아빠가 자주 입었던 경량 패딩 같은 것들이 저한테는 그런 물건이지요. 문장의 아름다움을 가만히 쓰다듬던 어린 나와, 아이의 맑은 눈이 담던 사랑과, 아빠의 생전 모습이 담긴 물건들은 앞으로도 저와 함께 늙어가겠지요. 내 곁의 사물들이 지닌 사연을 생각하면 좀처럼 버리기 어려운 것들이 여전히 많은데요. 이렇게 미니멀리스트의 꿈이 또 멀어집니다.

◐   시간이 지나도 절대 버릴 수 없는, 당신에게 가장 소중한 물건이 있다면 무엇인가요? 언제 어떤 이유로 지니게 되었고, 그것을 볼 때마다 어떤 생각이 떠오르는지도 적어본다면 더욱 의미 있는 시간이 될 것 같습니다.

✳ 그리움이라는 이름의 인생 레시피

살림을 하고 가족의 식사를 챙기게 되면서 이런저런 요리들을 해오고 있습니다. 가장 자주 하는 요리는 아무래도 어릴 때 자주 먹던 음식들이에요. 깨소금과 참기름을 넣고 간한 밥에 볶은 당근을 듬뿍 넣어 만든 달콤한 김밥, 냉장고의 남은 채소들을 넣어 빨갛게 무친 골뱅이무침, 보리멸과 마른 새우로 육수를 내서 만든 뽀얀 황탯국, 부드럽게 씹히는 식감을 살린 가지나물무침.

몸과 마음에 나이테처럼 남은 엄마의 맛을 복기해 한 끼를 차려낼 때면 가족들에게 약간의 생색과 자랑을 섞어 이렇게 말하곤 해요.

"이거, 우리 엄마가 정말 자주 해주셨던 거야."

처음에는 아무리 해도 그 맛이 안 나던 요리들도 시행착오를 거치니 어느 정도 엄마의 맛을 흉내는 내게 되더라고요. 그런데 '꽈리고추 멸치 볶음'만큼은 예외예요. 흔한 반찬이지만, 엄마의 레시피는 좀 특별했어요. 조림과 볶음의 중간이라고나 할까. 꽈리고추는 뻣뻣한 기가 전혀 없이 부드러우면서 간이 잘 배어있고, 간장 양념은 꽈리고추의 향과 멸치의 감칠맛이 자작하게 졸아들어 참 맛있었는데, 몇 번을 해봐도 그 오묘한 맛을 내기가 어렵더라고요. 언젠가 엄마와 헤어질 줄 알았다면, 레시피를 따로 적어놓았을 텐데 아쉬운 순간을 종종 만납니다.

영화 〈논나〉에도 엄마가 남겨준 레시피를 받고 눈물을 흘리는 아들 이야기가 나오던데요. 저도 아이가 좋아하는 엄마의 요리 레시피를 하나씩 알려줄까 해서 얼마 전에 함께 요리를 해봤습니다. 쉬운 일은 아니었어요. 아수라장이 되어가는 부엌에서 제가 이 말을 계속하고 있더라고요.

"앓느니 죽지."

하하.

◐ 사랑하는 사람들을 위해 자신 있게 할 수 있는 요리가 혹시 있나요? 그 음식을 만드는 당신만의 비법도 공개해 주세요.

✴ 인생에는 언제나 BGM이 흐른다

영화의 명장면에는 언제나 음악이 흐릅니다. 〈시네마 천국〉의 마지막 명장면인 아름다운 키스신 모음에는 마음을 뭉클하게 하는 엔니오 모리코네의 곡 〈Love Theme〉가 흐르고, 〈겨울 왕국〉의 엘사가 자신의 마법을 숨기지 않고 표현하기로 결심하는 장면에서는 〈Let It Go〉가 흐르지요.

   영화가 인생을 닮은 건지 인생이 영화를 닮은 건지, 우리 삶에도 BGM이 함께합니다. 어린이들은 봄나들이를 갈 때 눈을 반짝이며 꽃처럼 아름다운 노래 〈모두 다 꽃이야〉를 부르고, 크리스마스 시즌에는 거리에 〈All I Want for Christmas Is You〉가 흐르고, 민주주의를 지키던 어느 역사의 현장에서 〈다시 만난 세계〉가 많은 시민의 '떼창'으로 울렸습니다. 음악이 플레이될 때마다 우리들의 시간이 머릿속에 영화 한 편처럼 그려져 때로는 울고 때로는 미소 짓습니다. 음악 덕분에 삶의 어떤 순간들이 더 진한 빛깔로 우리 안에 남는 것이겠지요.

   시간 여행을 떠나고 싶을 때는 언제나 음악을 한 곡 고릅니다. 3분 남짓한 그 시간 안에서 보고 싶은 얼굴을, 추억의 장소를, 이제는 거울 앞에서 만날 수 없는 과거의 나를, 말로 표현하기 어려운 벅찬 감정을 만납니다. 이러니 음악을 사랑하지 않을 이유가 없습니다.

◐ 내 인생의 OST 세 곡을 고른다면요? 그 음악을 들을 때면 떠오르는 얼굴과 이야기도 남겨주세요.

✦ 필사하는 밤

은교씨는 무슨 노래를 좋아하나요?
나는 칠갑산 좋아해요. 나는 그건 부를 수 없어요.
왜요?
콩밭에서 목이 메서요.
목이 메나요?
콩밭 매는 아낙이 베적삼이 젖도록 울고 있는 데다
포기마다 눈물을 심으며 밭을 매고 있다고 하고
새만 우는 산마루에 홀어머니를 두고 시집와 버렸다고 하고……

_《백의 그림자》, 황정은, 창비, 2022.

6장

대화

멈춰서 귀를 기울이면

한 해의 마지막 날이 되면 1년 동안 썼던 다이어리를 처음부터 다시 읽어봅니다. 다이어리를 펼치면 먼저 월간 일정표가 보입니다. 이런저런 약속과 행사, 원고 마감 일정, 지인들의 생일, 완독한 책 제목, 그 달에 본 영화나 드라마 리스트, 그날그날의 건강 컨디션 등. 간단하게 적힌 메모를 보면 지난 하루하루가 짧게 스칩니다. '이 달은 유난히 아프고 힘들었구나.' '이때는 그래도 좋아하는 작품을 실컷 봤네.' '이렇게 보니 짬짬이 책도 다양하게 읽었네.' '그래도 가을엔 좋아하는 사람들을 만났구나.' 간략한 메모들은 그해의 나를 이해하는 작은 발견으로 이어져 연말에 찾아오는 허탈함을 달래주죠.

일정표 다음에는 줄글 페이지가 기다리고 있습니다. 여기에는 밑줄 그은 문장의 필사와 단상, 쓰고 싶은 책의 아이디어, 영화나 드라마 속 대사, 마음에 들어온 음악이나 노랫말 같은 것들이 적혀 있습니다. 그중에 제일 좋아하는 건 노트 제일 위 여백에 적어둔 '사람들의 말'이에요. 아이가 말을 하기 시작하면서부터 신통방통한 이야기를 쏟아내는 게 신기해 적기 시작했는데(이게 제 책《어린이의 말》의 토대가 되었습니다), 몇 년 전부터는 주변 사람들이 했던 말들도 함께 수집하고 있어요.

"상처를 받으면 흉터가 남죠. 그 흉터를 보면 당연히 기분이 나쁠 수밖에 없어요. 사실 흉터는 통증을 유발하지는 않는데. 우리는 좀 더 초연해질 필요가 있어요."

_고해성사 때 신부님이 해주셨던 말씀

"티켓값 내 용돈에서 빼서 당신한테 입금했어. 살면서 그런 일 얼마든지 있을 수 있잖아. 괜히 마음 상하지 말고, 이거 받고 잊어."

_내 예약 실수로 뮤지컬 공연도 못 보고 환불도 못 받아
돈을 날린 다음 날 남편이 보낸 문자메시지

페이지 여백에 짧게 담긴 한두 줄의 말들 가운데는 시간에 따라 선명하게 기억나는 것도 있고, '정말 이런 말을 들었다고?' 싶은 이야기들도 있습니다. 적어둔 말들은 가끔 들여다볼 수 있으니 앞으로도 내 이야기로 남겠지요. 그럼, 기록하지 못한 우리의 이야기들은 어떻게 되는 걸까요.

숱한 잔을 비우며 밤이 깊어가도록 나누던 대화. 어깨를 들썩이던 울음이 전하던 아픔. 살아있다는 것을 온몸으로 느끼게 해주던 사랑이 담긴 고백. 시 한 편처럼 다가오던 투명한 진심. 어떤 책 속의 한 줄에서 느끼던 위로와 환희. 금세 가실 취기처럼 가벼워서 숨이 쉬어지던 농담.

한때 우리를 웃고 울게 했던 이야기들과 서로의 마음이 만나

공명했던 말들 가운데 분명히 존재했으나 이제는 떠올릴 수 없는 이야기들이 있습니다. 흐려지는 기억과 흩어지는 이야기들을 생각하면 마음이 적적해지는데요. 그럴 때면 이런 이야기에 마음을 맡기고 싶어집니다.

"종이 울리면 낮은 소리는 내려가고, 높은 소리는 위로 올라가서 만나거든요. 흔히 소리에는 '멸(滅)한다'는 말을 쓰는데, 이 말은 진행형이에요. 우리말로 번역하면 '사라진다'인데, 없어진다는 뜻이 아니라 사라진다는 뜻이에요. 계속 사라져가는 거지, 없어지지는 않는다는 거죠. '멸'은 한번 울린 소리는 우주에 존재한다는 현대물리학 이론과도 맞는 거예요."●

우리에게서 사라진 것처럼 보이는 많은 것들이 실은 어딘가에 다른 형태로 존재한다는 물리학의 법칙이 소리의 세계에도 통한다고 생각하면 언제나 위로를 받습니다. 실제로 그것을 증명하는 것 같은 순간들을 만날 때도 있지요. 내 안 어딘가에 남은 목소리들의 존재를 불현듯 느끼던 순간. 다른 누군가의 말에 오래 잊고 살았던 목소리를 떠올리는 순간. 그때는 미처 다 이해할 수 없었던 누군가의 말의 의미가 어느 날 문득 헤아려지는 순간.

사라진 줄 알았던 한때의 이야기가 새롭게 다시 들리는 순간을 누구나 살면서 경험합니다. 저는 그때마다 혼잣말 같은 물음표를 조용히 품습니다.

● 신예슬 음악평론가가 쓴 〈경향신문〉 오피니언 숨 '종소리'(2022)에 나오는 《작곡가 강석희와의 대화》 재인용.

'내 몸과 마음을 울렸던 말들이 우주 어딘가에 남아 때때로 삶의 등을 밀어주고 있는 것은 아닐까.'

살다가 한 번씩 멈춰 서서, 조금씩 멀어지고 있을 뿐 결코 사라지지 않을 목소리와 이야기에 귀를 기울이면 좋겠습니다. 한때는 나였고 한때는 당신이었고 한때는 우리였던 흩어진 말들을 모으는 동안, 잊거나 놓쳤던 우리의 사랑도 그러모을 수 있을 테니까요.

✳ 글자의 온기로 마음을 녹이는 밤

활자로 전해진 글은 시간에 휘발되는 어떤 말들과 달리 우리 안에 오래 남습니다. 돌아가시기 몇 년 전, 엄마는 구청 문화센터에서 컴퓨터를 배우며 제게 이메일을 몇 번 보내주셨어요. 엄마가 돌아가신 뒤 한동안 그때의 이메일을 프린트해서 자주 꺼내어 보곤 했습니다. '딸, 첫눈 오네. 딸 생각이 나서⋯.' '엄마는 항상 미안한 마음뿐이야.' '사는 게 힘들어도 찾아보면 감사한 일이 많아.' 엄마는 곁에 없어도 프린트된 글자들이 엄마의 목소리와 마음으로 되살아날 때면 항상 위안을 받습니다. 전화로 했다면 어쩌면 잊어버렸을 말들이 다행히 활자로 남아 외로운 순간에서 저를 구하곤 해요.

혹시라도 지워질까 캡처해 둔, 엄마와 문자메시지로 나눈 대화. 책 첫 페이지에 친구가 써준 응원의 말. 아이가 처음으로 사랑한다고 포스트잇에 써준 삐뚤빼뚤 귀여운 글씨.

마음이 시린 날, 마음에 소중한 사진으로 남은 글자들의 온기에 기댈 수 있어 얼마나 다행인지요.

세월이 가도 식지 않는 애정을 손난로처럼 꺼낼 수 있어 인생의 찬 서리 같은 고독을 녹이며 다시 또 살아갑니다.

◐ 사랑하는 이들이 진심을 담아 꾹꾹 눌러 쓴 편지나 메모, 혹은 문자메시지 중에서 오래 보고 싶어 간직하고 있는 것이 있을까요? 어떤 순간에 그 메시지가 많이 생각나나요?

✳ 미안하다는 그 말 한마디가 왜 그리 어려웠을까

해묵은 상처로 아파하는 사람들의 이야기를 들을 때면 고대 하와이안들의 지혜가 제일 먼저 떠오릅니다. 오래전에 살았던 그들은 누군가 이유 없이 몸이 아프면 혼자 내버려두지 않고, 그를 알고 있는 모든 사람이 모여 자신들이 어떻게 환자의 마음을 아프게 했는지 서로 고백하고 사과하는 의식을 가졌다고 해요. 이 의식을 하와이 말로 '호오포노포노'라고 하는데, '완벽하게 잘못을 바로잡는 것을 목표로 한다'는 뜻이 담겨있습니다.

마음의 병은 몸의 통증으로 쉽게 이어진다는 것과 시간과 정성을 들여 누군가의 상처의 이유를 진심으로 알려고 할 때 치유가 시작된다는 것을 깊이 이해했던 그들을 생각하면 존경스러운 마음이 듭니다. 우리의 상처와 고통은 그것을 아무도 모른다는 외로움 때문에, 잘못을 인정하지 않는 사람들 때문에, 잘못된 채로 그냥 덮어둔 진실 때문에 더 깊어지고 오래가곤 했으니까요. 그래서 방치된 아픔을 생각하면 늘 안타깝게 묻게 됩니다.

우리는 왜 그렇게 미안하다는 그 말 한마디가 어려웠던 걸까요.

◐ 시간이 흘렀지만, 지금이라도 누군가로부터 받고 싶은 사과가 있나요? 반대로, 늦었지만 지금이라도 제대로 사과하고 싶은 일이 있다면 용기내 적어주세요.

✳ 우리가 때로 진실을 몰래 가슴에 묻는 이유

어른들은 아이들에게 거짓말을 하면 안 된다고 가르치지만 실은 매일 거짓말을 하면서 살아갑니다. 밥은 먹었냐는 엄마의 전화에 끼니를 거르며 일하고 있으면서도 든든하게 먹었다고 말하고, 무엇을 그렸는지 어른의 눈으로 도저히 알 수 없는 아이의 그림에 '엄지척'을 해주고, 친구가 애써 데려간 식당의 음식이 입에 맞지 않아도 맛있다고 말합니다. 만약에 진짜로 세상에 거짓말이 없다면 어떨까요. 서로를 속고 속이는 일이 없어 안심할 수 있을지 몰라도, 대신 눈물과 상처와 절망과 한숨은 더 많아지지 않을까 싶습니다.

영화 속에서 만난 거짓말 앞에서 울컥했던 순간을 생각하면 더욱 그렇습니다. 영화〈인생은 아름다워〉에서 나치 수용소로 끌려가는 상황에서도 아빠인 '귀도'는 아들 '조슈아'를 안심시키기 위해 이렇게 말하지요.

"이건 게임이야. 우리가 이기면 상을 받을 수 있어."

영화〈페어웰〉에서 가족들은 폐암 4기에 걸린 할머니에게 발병 사실을 숨깁니다. 혹시라도 암의 공포가 할머니를 더 아프게 할까 걱정하는 마음에서였는데요. 사랑의 거짓말 덕분인지 조슈아와 할머니 모두 힘겨운 시간을 기적처럼 무탈하게 통과하지요.

사랑하는 이의 평화와 희망을 지켜주고 싶어서 가슴 깊숙이 슬픔과 걱정과 절망을 묻고 돌아서 미소를 짓는 이들 덕분에 우리의 일상이 무사히 이어지고 있는 건지도 모르겠습니다. 바라건대, 착한 거짓말을 하는 누군가가 너무 외롭지는 않았으면 합니다.

◐ 누군가를 걱정시키거나 아프게 하지 않고 싶어 착한 거짓말을 한 적이 있나요? 똑같은 순간이 한 번 더 찾아온다면 그때도 같은 말을 하게 될지, 그에 대해서도 함께 생각해 보면 좋겠습니다.

✴ 어쩌면 내가 가장 듣고 싶었던 말

학교에서 시험을 보고 돌아오는 날, 아이들이 가장 궁금한 건 엄마의 표정일 겁니다. 좋은 성적을 받았을 때는 엄마가 얼마나 환하게 웃을지, 기대보다 못한 성적을 받았을 때는 엄마가 어떤 표정을 지을지 가슴이 두근두근할 테니까요.

좋은 결과는 물론이고 부족한 결과 앞에서도 아이의 노력을 알아주는 엄마가 되고 싶다는 생각을 가끔 합니다. 기대보다 못했던 딸의 대입 결과 앞에서 말없이 뒤돌아서던 엄마의 등이 제 딴에는 조금 힘들었던 기억이 있거든요. 사랑을 표현하는 데 아낌이 없고, 좋은 일 앞에서는 기쁨을 감추지 않았던 사람이 엄마였기에 더 그랬는지도 모르겠습니다.

엄마의 옅은 한숨과 실망이 나로 인한 것임을 알아채던 순간이면 조금 외로웠습니다. 그 누구보다 잘하고 싶은 건 나였는데, 애쓰지 않은 건 아니었는데, 하는 마음들이 뒤섞여 축 처진 어깨를 하던 그때의 나를 떠올리며 생각합니다. '괜찮다고, 긴 인생을 놓고 보면 큰일 아니라고, 그래도 네가 애썼다는 걸 안다는 이야기를 들을 수 있었다면 어땠을까.'

그 마음을 엄마가 살아계실 때 전하지는 못했습니다. 사랑하는 사이에도 하기 어려운 말들이 있는 법이니까요. 그런데 한 번씩 궁금하기는 해요. 뒤늦게 그때 내 마음이 이랬다고 엄마에게 전한다면, 엄마는 제게 어떤 이야기를 해주었을지. 그 답을 들을 수는 없어도, 대신 내가 듣고 싶은 답을 아이에게 전해줄 수는 있지 않을까 생각하는데…. 그게 또 쉽지는 않은 게 육아 아니겠습니까.

◐ 성장하면서 부모님(양육자)에게 꼭 듣고 싶었지만, 들을 수 없었던 말이 당신에게도 있나요? 그 비슷한 말을 혹시 다른 사람으로부터 들은 적이 있다면 언제였는지도 떠올려보세요.

✳︎ 어떤 말들은 죽지 않는다

하루에 우리가 보통 몇 마디의 말을 하는지 혹시 알고 있나요? 디지털 커뮤니케이션 의존도가 높아져서 그런지 해마다 사람들의 말수가 줄고 있긴 해도 하루 평균 약 1만 3,000개의 단어를 사용한다는 기사를 읽은 적이 있습니다. 쏟아지는 말의 양 때문일까요. 한 시인의 표현처럼 많은 말들이 비눗방울처럼 떠올랐다가 사라지지만, 그중에는 마음 어딘가에 살아남아 사는 내내 우리를 찾아오는 말들도 분명 있습니다.

해마다 수능 시험 날짜가 되면, 친구는 오래전 수능 전날 아버지가 해줬던 말을 떠올립니다.

"내일 시험 못 봐도 되니까 그냥 잘 갔다만 와라. 그거 못 본다고 큰일 나는 거 아니니까."

혹시라도 부담을 갖고 긴장할까 봐 딸의 어깨를 두드리며 해주던 아버지의 말은 딸이 인생의 큰일을 앞두고 있을 때마다 기대는 말이 되었습니다.

드라마 〈나의 아저씨〉의 주인공 '동훈'의 대사도 생각납니다. 아내의 배신을 형제들마저 알게 되어 마음이 무너지던 날, 그는 이런 이야기를 해요.

"아버지가 맨날 하던 말…. 아무것도 아니다, 아무것도 아니다…. 그 말을 나한테 해줄 사람이 없어."●

비록 아버지는 곁에 없어도 그 말은 이후로도 내내 동훈이 인생을 견디는 힘이 되어줍니다.

살면서 우리는 그 말들을 몇 번이나 붙잡게 될까요. 우리가 했던 이야기 중에서는 어떤 말들이 사람들의 마음에 남게 될까요.

- ● 〈나의 아저씨〉, 박해영 극본, 김원석 연출, tvN, 2018.

◐ 힘들고 어려울 때마다 기대거나 의지하는 부모님(혹은 어른)의 말씀이 있나요? 그 말로 어떤 위안을 얻는지도 함께 풀어주세요.

✚ 필사하는 밤

같이 사는 동안 엄마가 준 말을 몇 날 며칠 모았다. 무른 손가락으로 또박또박 짚어 마음에 심어준 글자. 이어보니 전부 다 같은 말이었다. 살라는 말이었다. 다시 사랑하고 다시 아프고 다시 헤어지고 또다시 사랑하라는 말뿐이었다. 지울 길도 물리칠 길도 없었다.
배신할 수 없는 말이었다.

_《엄마의 마른 등을 만질 때》, 양정훈, 수오서재, 2024.

✳ 어린이 시인을 기억하는 시간

책 작업 때문에 필사와 메모가 담긴 다이어리를 뒤적이다가 육아 일기라고 할 수 있는 메모들을 오랜만에 다시 봤습니다. 앞서 말씀드렸던, 네다섯 살 무렵의 아이 말들이 신통하고 귀여워서 혹여 기억에서 사라질까 아까워 적어둔 것들인데 이런 이야기들이에요. '엄마, 나 운동하고 있어. 엄마가 백 살 되면 업어주려고. 엄마, 사십 백 살까지 살아.' '(잠깐 헤어졌던 엄마를 만나고) 이제야 사랑에 배가 차네.'

달콤하고 말랑말랑한 말들은 다시 보니 사랑의 기록이었습니다. 마침, 곁에 있던 아이에게 어릴 때 한 이야기라며 메모들을 보여주었더니 생각보다 더 좋아하고 웃어서 많이 기록해 둘걸 하는 아쉬움이 들었습니다.

오로지 느낀 대로 사랑을 표현하던 어린 시인들은 열 살이 넘으면 달라집니다. 성장하면서 자아가 형성되고 세상과 사람을 의식하게 되면서 어린이다운 천진함이 사라지죠. 하루에도 열 번, 스무 번씩 사랑을 고백하던 작은 아이도 훌쩍 자라 사춘기에 접어들었습니다. 앞으로는 엄마에게 말하는 것보다 말하지 않는 것들이 더 많아질지 모릅니다. 사랑의 시인이었던 작은 아이가 눈물 나게 그리운 순간도 오겠지요. 그래서 어른들이 그런 말씀을 하셨나 봐요. 자식은 태어나서 다섯 살이 될 때까지 평생 할 효도를 다 한다고. 아이가 이미 부모가 평생을 통해 받을 사랑을 넘치도록 주고 또 주었다고 생각하면 어쩐지 마음이 너그러워집니다. 이 마음이 부디 오래가야 할 텐데요….

◐ 어른들이 아이들을 가르치는 것 같지만, 때로 어른들은 아이를 보며 인생을 다시 배우기도 합니다. 당신에게도 아이들(어린이와 청소년)의 말이나 행동을 통해 사람과 인생을 새로운 시각으로 바라보게 된 경험이 있나요? 아이들의 어떤 말과 행동을 보고 그것을 느꼈는지 알려주세요.

✳ 사랑한다는 말 대신

어스름한 저녁 무렵이면, 오래전 들었던 아빠의 목소리가 들리는 것만 같습니다. 아빠는 매일 일을 마치면 집으로 전화를 걸어 제게 이렇게 묻곤 하셨거든요.

"우리 딸, 오늘은 뭐 사갈까?"

퇴근해서 현관문을 열고 들어오는 아빠의 손에는 동네 슈퍼의 신상 과자가, 집 앞 빵집의 나비 파이가, 점퍼 안에 감싸고 와 여전히 뜨끈한 치킨이 들려있었습니다. 제 기억에 아빠는 하루도 빈손으로 오신 적이 없었어요. 그때 아빠의 "뭐 사갈까?"라는 말은 "사랑해"라는 말과 같은 말이었겠지요. 너를 기쁘고 행복하게 해주고 싶다는.

사람들은 진짜 하고 싶은 말을 사소하고 평범한 말 한마디에 자주 숨겨놓습니다. "보고 싶다"라는 말 대신 "아픈 데는 없고?"라고 말하고, "무엇이든 다 주고 싶을 정도로 사랑해"라는 말 대신 "이것밖에 못 해줘서 미안해"라고 말하는 것처럼. 어떤 때는 그 말조차 하지 못한 채 그 사람 곁을 말없이 맴돌기도 하지요.

그래서 말인데, 오늘은 어디에 사랑을 숨겨놓으실 생각인가요?

◐ "사랑해"라는 말을 하기가 낯간지럽고 어색할 때 우리는 다른 말이나 행동으로 사랑을 상대에게 슬쩍 보여주기도 하지요. 당신도 사랑한다는 말 대신 하는 말이나 행동이 있나요? 가족이나 친구들이 사랑한다는 말 대신 어떤 표현을 하는지도 알고 있나요?

✳ '심쿵'의 추억

"선배님, 이제 선배님이라는 호칭 대신 이름으로 불러도 됩니까?"
"너는 웃는 게 참 예쁘다."
영화 〈봄날은 간다〉의 유명한 대사 "라면 먹고 갈래요?"처럼 사랑이 시작될 때 가슴을 들썩이게 했던 말들 기억하세요? 시간 속에 많은 말들이 사라져 가도 나를 설레게 했던 말들은 마음의 유리병에서 한 번씩 반짝입니다. 심장이 기억하기 때문이지요.

이런 달콤한 말을 잘하기로는 아이들을 따라갈 수 없습니다. 제 친구는 몇 년 전, 네 살 아들에게 잊지 못할 고백을 받았습니다.

"엄마, 나는 엄마가 되고 싶어."
이게 무슨 뚱딴지같은 소리인가 싶어 다시 물었더니 돌아온 아이의 대답은 엄마를 울리고도 남았습니다.

"내가 엄마를 너무 좋아해. 그래서 나는 엄마가 되고 싶어."
삶이 무채색으로 보이고 일상이 밋밋하게만 느껴질 때 기억 속 로맨스 책장을 뒤적여 봅니다. 오래된 책을 꺼내 읽다 네잎클로버나 은행잎이 툭 떨어져 추억에 젖던 순간처럼, 우리를 사랑했던 이들의 마음을 다시 만나길 바라며. 언젠가부터 딱딱해진 심장이, 핑크빛 기운에 물들어 다시 뛰길 기대하며.

◐ 살면서 나를 가장 설레게 했던 말은 무엇인가요? 그 말을 들었을 때 내가 어떤 대답을 했는지도 떠올리며 기록으로 남겨보세요.

✹ 차마 하지 못한 말

전시장에 들어서자 여러 대의 아날로그 전화에서 벨이 울립니다. '누군가의 부재중 통화를 받아보세요'라는 안내를 따라 수화기를 들자 들려오는 떨리고, 망설이고, 울먹이는 목소리. 이 말들은 누가 어디서 한 것일까요. 고개를 돌리면 전시장 한쪽에 공중전화 부스가 보입니다. 거기에는 이런 글이 적혀있습니다.

"차마 말하지 못해 부재중 통화가 되어버린 이야기, 당신에게도 있나요? 이제 누군가가 들어주었으면 하는 당신의 '하지 못한 말'을 남겨주세요."•

〈세상의 끝과 부재중 통화〉라는 이름으로 열린 관객 참여형 인터랙티브 전시 이야기입니다. 소외된 소통을 주제로 한 이 전시는 2018년 처음 열렸는데요. 지금까지 무려 13만 명이 부재중 통화에 참여했다고 해요. 이 이야기를 책으로 만나며 사람들의 마음에 묻힌 말들을 읽는 동안 저는 나쓰메 소세키의 유명한 문장을 떠올리지 않을 수 없었습니다.

"무사태평하게 보이는 사람들도 마음속 깊은 곳을 두드려보면 어딘가 슬픈 소리가 난다."••

누구나 차마 하지 못한 이야기를 몇 개쯤 품고 살아가는 게 인생이라는 걸 깨달을 때마다 저도 모르게 하는 기도가 있어요.

'평화를 빕니다.'

이 기도가 당신에게도 닿기를 바랍니다.

- 《세상의 끝과 부재중 통화》, 설은아, 수오서재, 2022.
- • 《나는 고양이로소이다》, 나쓰메 소세키, 송태욱 옮김, 현암사, 2013.

◐ 만약 당신도 전시에 참여한 사람들처럼 부재중 통화를 걸게 된다면 어떤 이야기를 하게 될까요? 사소한 이야기도 좋아요. 아무에게도 할 수 없었지만, 언젠가 한 번은 누군가에게 털어놓고 싶었던 이야기가 있다면 여기에 써주세요.

✳︎ 어린잎은 가랑비에도 찢기는 법이어서

체격은 어른이 더 커도 마음의 품은 아이들이 더 넓은 게 아닐까 때때로 생각합니다. 어른들의 세계에서는 일어나지 않는 일이 아이들의 세계에서 종종 일어나는 것만 해도 그렇지요. 어제 싸우고 삐져서 절대 안 본다고 했던 친구와 하루도 안 돼 깔깔거리고, 작년에 소원했던 친구와 올해 들어 절친이 되고, 잔소리를 듣고 혼났다가도 금세 풀어져서 엄마가 제일 좋다며 파고드는 게 아이들이잖아요. 한번 돌아서면 좀처럼 다시 보는 일이 없는 어른들과 달리, 마음의 빗장을 쉽게 푸는 아이들이 고맙고 대견할 때가 많습니다.

그런데 어느 때는 바로 그 이유로 어른들이 아이들을 함부로 대하는 것도 같습니다. '애들이 뭘 알겠어' '돌아서면 잊는 게 아이들이지' '애들은 또 금방 괜찮아져' 하면서요. 그런 우리에게 드라마 〈폭싹 속았수다〉 속 할머니가 이 말씀을 하시더라고요.

"편하다고 막 허지 말라. 어린잎은 가랑비에도 다 찢긴다."●

하소연처럼 부모가 뱉은 한숨에 어깨를 움츠리며 자신을 오래 미워하고, 지나가는 말로 가족 누군가가 툭툭 던진, "네 언니 반만 따라가면 좋겠다"라는 말을 평생 무거운 돌처럼 지고 살았다는 이야기를 기억합니다. 마음과 눈과 귀가 활짝 열린 탓에 그것이 무엇이든 어른들의 말을 다 믿고 흡수할 수밖에 없던, 작고 여린 나를 어른이 된 내가 가끔 안아주면 좋겠습니다. 내 안의 자라지 못한 그 아이가 다시 자랄 수 있도록. 더 넓어진 품으로 마음껏 삶과 사람을 사랑할 수 있도록.

● 〈폭싹 속았수다〉, 임상춘 극본, 김원석 연출, 넷플릭스, 2025.

◐ 어린 시절, 어른들에게 들었던 말(행동) 중에 상처로 남은 것이 있나요? 당신의 이런 마음을 그 말을 했던 당사자에게 전한다면 어떻게 표현하고 싶은지도 적으며 어렸을 때의 나를 보듬는 시간을 가져보면 좋겠습니다.

✦ 필사하는 밤

"넌 아무것도 아니야." 율랴가 말했다.
"소은은 그런 얘기 들어본 적 있어요? 난 어릴 때부터 그런 이야기 자주 들었어요. 넌 아무것도 아니야. 다른 누구도 아닌 아버지가 그렇게 말하는 겁니다."
그녀는 벽에 걸린 말린 꽃을 가만히 바라보며 말했다.
"소은, 어린애들은요, 어른이 한 말을 다 진짜로 믿고 받아들여요. 평생 동안 그 말과 함께 살아가는 거지요."

_《쇼코의 미소》,〈먼 곳에서 온 노래〉, 최은영, 문학동네, 2016.

✷ 사랑의 변명

부모는 자식에게 최선을 다한다고 하지만, 때때로 자식들은 부모로부터 상처를 받습니다. 드라마 〈응답하라 1988〉에 나오는 덕선도 그랬지요. 맏이에게 치이고 막내에게 양보하느라 엄마 아빠에게 자신은 늘 뒷전인 것처럼 느끼던 둘째 딸 덕선은 (언니와 자신의 생일이 3일 차이라는 이유로) 해마다 가족들이 언니의 생일 케이크로 대충 자신의 생일을 챙기려고 하자 서러움이 폭발해 펑펑 울고 맙니다. 그저 빡빡한 살림에 좀 아껴보려고 했을 뿐, 마음은 그게 아니었던 아빠는 덕선을 따로 불러 새 케이크로 생일 축하를 해주며 서툰 고백을 해요.

"아빠 엄마가 미안해. 잘 몰라서 그래. 첫째는 어떻게 가르치고, 둘째는 어떻게 키우고, 막둥이는 또 어떻게 사람 만들어야 할지 몰라서…. 이 아빠도 태어날 때부터 아빠가 아니잖아? 아빠도 아빠가 처음이야…. 그러니까 우리 딸이 조금 봐줘." •

아빠의 진솔한 사과에 덕선은 섭섭하고 속상했던 마음을 눈물로 털어냅니다.

태어날 때부터 부모인 사람은 아무도 없기에 누구나 무수한 실수와 시행착오를 겪으며 부모로 성장합니다. 완벽한 부모가 되는 일은 앞으로도 불가능하겠지요. 그렇다면 덕선의 아빠처럼 자녀에게 꼭 필요한 사과를 제대로 할 줄 아는 부모가 되고 싶습니다. 단 한 순간도 상처를 주지 않는 일에는 비록 실패했지만, 단 한 순간도 사랑하지 않은 적은 없었다는 사랑의 변명이 통하길 바라면서요.

- 〈응답하라 1988〉, 이우정 극본, 신원호 연출, tvN, 2015.

◐ 우리는 누군가를 사랑하면서도 그 사람에게 상처를 주기도 합니다. 사랑하는 사람에게 가장 미안했던 일이 한 가지 있다면 무엇일까요? 아래의 여백에 그 마음을 전해보세요.

✸ 각자의 위로

도서관이나 서점에서 에세이 코너를 살펴보면 유독 독자를 위로하는 제목을 많이 만나게 됩니다. 우리에겐 언제나 위로가 필요하다는 뜻이겠지요. 책은 시대를 담게 마련이고, 또 어떤 책이 인기를 끌면 비슷한 제목의 책들이 막 쏟아지기도 해서 위로를 테마로 한 에세이 제목에도 어떤 흐름이(유행이랄까) 보일 때가 있습니다.

한때는 있는 그대로의 나도 괜찮으니 너무 열심히 살지 말고 편안하게 살라는 뉘앙스의 제목이 많이 보였는데 언젠가부터는 독자의 기를 살려주는 듯한, 무엇이든 해낼 수 있고 잘할 수 있을 거라는 메시지가 담긴 제목들이 눈에 띄었지요. 최근에는 행운을 빌어주는, 좋은 일이 있을 거고 행복할 거라는 이야기를 주문처럼 담은 제목들이 많이 보입니다. 당신은 어떤 위로가 필요하세요?

저는 요즘 신경숙 작가의 에세이 《요가 다녀왔습니다》에 나오는 이야기를 자주 생각합니다. 꾸준히 요가를 해온 작가는 요가원이 휴원한 사이 몸이 굳어, 기본적인 요가 자세라고 할 수 있는 아사나 동작도 해내지 못하고 고생을 해요. 답답해하는 작가에게 후배는 잘 안 되는 것도 자기 것으로 받아들이며 계속하는 게 중요하다고, 요가 아사나라는 것도 사람의 인연처럼 오고 가는 거라는 이야기를 해줍니다.

인생의 성장이라는 게 원래 왔다 갔다 할 수 있다고 생각하니 조급하고 답답한 마음이 다스려지는 기분이었는데요. 저는 요즘 이런 넉넉한 말들에 자꾸 마음이 갑니다. 어쩌면 핑계를 찾고 싶어서인지도 모르겠습니다. (웃음)

◐ 최근에 가장 크게 위로가 됐던 말은 무엇인가요? 낯선 이가 지나가듯 전해준 이야기도 좋고, 가까운 가족이나 친구가 자주 해주는 말도 좋고, 책이나 콘텐츠에서 본 이야기도 좋습니다. 그것이 무엇이든 당신을 위로했던 말들을 돌아보며 마음을 다독이는 시간을 가져보세요.

✵ 누군가를 잘 안다고 착각하는 당신에게

5월의 어느 날, 학교에서 돌아온 아이가 시험지 한 장을 내밀었습니다.

"엄마, 오늘 학교에서 내가 시험문제를 만들었거든. 모두 나에 관한 문제야. 잘 풀 수 있겠어?"

아이의 기대를 받으며 갑작스럽게 '자녀 고사'를 치른 뒤, 저는 당황했습니다. 여덟 문제에서 무려 반이나 틀려 50점을 받고 말았거든요. 특히나 저는 아이의 마음을 헤아리는 이런 주관식에 약했습니다.

- 내가 부모님에게 가장 듣고 싶은 말은?

문제를 보자마자 생각해 볼 것도 없이 '사랑해'라는 말을 썼는데 정답은 이거였어요. '수고했어.'

- 내가 엄마에게 가장 해주고 싶은 말은?

이것도 그냥 쉽게 생각하고 같은 답을 썼어요. 하지만 답은 이번에도 '수고했어'. 마냥 아기처럼 해맑은 세상을 사는 줄 알았는데 어느새 훌쩍 큰 아이는 엄마나 자신을 포함한 누구나 나름대로 애쓰며 살고 있다는 걸 알고 있었나 봐요. 이렇게 오답 연속이어도 이 질문만은 자신이 있었습니다.

- 내가 가장 행복한 시간은?

보나 마나 답은 '웹툰을 그리거나 게임하는 시간'이겠지 확신했거든요. 그런데 답안지에는 의외의 말이 쓰여있었습니다. '엄마와 함께 책 보는 시간.'

그 밤, 뭉클하고 미안한 마음으로 형편없는 성적을 반성하며 저는 이런 문장을 쓸 수밖에 없었습니다. '다 안다고 생각하면 답이 없다.'

◐ 우리는 타인보다 가족에 대해 더 모를 때가 있습니다. 어쩌면 그건 다 안다는 마음에 서로 묻지 않았기 때문인지도 몰라요. 그래서 당신에게도 이 시험지를 드립니다. 가족 혹은 친구와 함께 문제를 풀고 서로 정답을 확인하는 시간을 가져보세요.

1. ○○가(이) 나에게 가장 듣고 싶은 말은 무엇일까요?

2. ○○가(이) 가장 행복한 시간은 언제일까요?

3. ○○가(이) 나에게 해주고 싶은 말은 무엇일까요?

✳ 이제는 만날 수 없는 존재들에게 묻고 싶은 말

누군가의 부고 소식을 들을 때마다 나이가 든다는 건 존재의 부재가 늘어가는 일이라는 걸 실감합니다. 그때마다 사느라 잊고 있던 먹먹한 슬픔이 다시 찾아와 어딘가에서 별이 되었을 사랑하는 이들을 떠올리게 돼요. 그 슬픔의 기저에는 못다 한 사랑과 듣지 못한 대답이 있어 마음에서 자꾸 어떤 질문이 맴돌고는 합니다.

'그때, 얼마나 아프고 힘들었나요? 내가 더 해줘야 하는 건 없었나요? 내 사랑이 거기에도 닿나요?'

세월이 지나도 나의 두 사람에게 묻고 싶은 말들은 아직도 많기만 하네요.

17년 8개월을 함께 살았지만, 이제는 귀를 쫑긋 세우고 해맑게 웃고 있는 사진 한 장으로 남은 반려견 뭉치를 벽에서 마주칠 때도 간절하게 듣고 싶은 말이 있어 마음으로 묻게 됩니다.

'뭉치야, 우리랑 함께 있어서 너도 정말 행복했을까? 언젠가 다시 태어난다면 한 번 더 내게 와줄래?'

어딘가에 부지런히 묻는다면 언젠가 꿈에서라도 그 답을 들을 수 있을 것만 같아, 오늘도 혼잣말 같은 질문을 여기에 적어봅니다.

◐ 살다 보면 누구나 사랑하는 존재를 떠나보내게 됩니다. 만약 이제 더는 볼 수 없는 그들이 어딘가에서 내 말을 들을 수 있다면 가장 먼저 무엇을 묻고 싶나요? 그들에게 어떤 답을 듣고 싶은지도 상상하며 적어볼까요.

✸ 아름다운 마침표를 위하여

부모님의 생이 저물어가던 시간을 생각하면 가끔 부질없는 질문을 하게 됩니다. 마지막 순간, 우리가 조금 더 용기를 냈다면 나눌 수 있는 이야기가 더 많지 않았을까.

처음 다가온 '죽음' 앞에서 우리는 해야 할 말을 찾지 못했습니다. '죽음'이라는 말을 꺼냈다가 혹여 죽음을 더 부르는 건 아닌가 싶어서, 그러지 않아도 슬픔에 잠긴 서로에게 더 큰 상처를 줄까 싶어서. 거기에는 죽음을 말하지 않는 사회적 분위기도 영향을 끼쳤겠지요.

그런데 시대가 변하면서 죽음에 대한 인식과 태도도 변하고 있는 듯해요. 최근에 '웰다잉(좋은 죽음)'이 사회적 화두가 되면서 유언장 쓰기 체험을 하거나 '생전 장례식'을 열어 사랑하는 이들과 원하는 방식으로 작별을 준비하는 분들도 있고요. 삶의 존엄한 마무리를 위한 교육 프로그램도 늘고 있습니다. 이제야 우리는 조금씩 깨닫고 있는지도 모릅니다. 죽음에 대해 제대로, 구체적으로 이야기할 수 있을 때 우리의 삶을 더 충만하게 만들 수 있다는 것을.

언젠가 우리에게 마지막 이별이 찾아왔을 때 우리는 사랑하는 이들에게 어떤 말을 할 수 있을까요? 여전히 어려운 질문입니다만 아름다운 이별의 말은 하나 알고 있습니다. 이탈리아의 작곡가 엔니오 모리코네가 91세의 나이로 세상을 떠나기 일주일 전 유언장에 가족 모두의 이름을 하나하나 쓰며 남겼던 말.

'내가 얼마나 당신들을 사랑했는지 기억해 주세요.'

삶과 죽음 사이에 선 우리를 위로하는 건 언제나 그렇듯 사랑뿐이네요.

● 만약 사랑하는 사람들과 작별해야 할 상황이 온다면, 그들에게 마지막으로 어떤 말을 전하고 싶은가요? 언젠가의 이별을 위해 전하는 편지(유언장)라고 생각하며 글을 써보면 좋겠습니다.

✛ 필사하는 밤

나의 무덤 앞에서 울지 말아요
나는 그곳에 없어요
잠들어 있지 않아요

나는 천 개의 바람
천 개의 바람이 되었죠
저 넓은 하늘 위를
자유롭게 날고 있죠

가을에는 곡식들을 비추는
따사로운 빛이 될게요
겨울에는 다이아몬드처럼 반짝이는
눈이 될게요
아침엔 종달새 되어
잠든 당신을 깨워줄게요
밤에는 어둠 속에 별 되어
당신을 지켜줄게요

(대화)

멈춰서 귀를 기울이면

_ 클레어 하너의 추모시 〈불멸(*Immortality*)〉 중에서.

7장

희망

최고의 순간은 아직 오지 않았다

🌙

책 출간은 '쓰는 사람'에게 궁극적인 목표 이상의 의미가 있습니다. 내 글이 누군가에게 닿아 공명하는 감동의 순간. 홀로 밤새 하얀 모니터와 싸운 날들에 대한 보상. 직업인으로서의 가치 있는 생산성을 보여주는 증거. 출간은 그 모든 것이기도 하니까요. 그러니 작가들은 누구나 책 출간 앞에서 한 번쯤, 이런 혼잣말을 하곤 합니다.

"이번 책만 나오면, 이번 책이 잘되면…"

말줄임표에 담긴 저마다의 희망에는 인생이 이전보다 더 나아질 거라는 희망이 담겨있습니다.

현실은 어떨까요?

방송작가 활동을 하고 시인으로 등단해 많은 출판 관계자들을 만났던 나이 지긋한 선배는 제게 이런 말을 해주셨어요.

"책은 로또 같은 거야."

'이번 책이 나오기만 하면…' 하며 쓰는 사람의 이런 바람이 '로또에 당첨되기만 하면' 하는 허황한 바람과 다르지 않은 이유가 있습니다. (2023년 기준으로) 국내 출판사만 7만 5,196곳, 1년에 약 6만 2,000종의 신간이 쏟아집니다. 작가들이 저마다의 마음과 시간을 바쳐 쓴 책이 서점 매대에 놓였다가 서가로 꽂히는 데는 일

주일도 채 걸리지 않습니다. 셀 수 없이 많은 책이 순위에 한 번 올라보지 못한 채 어딘가로 사라집니다. 결과를 좌우하는 요소가 우리의 최선보다 다른 것인 경우가 많다는 게 책의 세계에도 변함이 없다는 걸 알게 되는 순간, 쓰는 사람들은 동력을 잃기도 하지요. 아무리 단단한 멘털을 가진 사람도 맨땅에 헤딩하는 경험이 반복되면 영혼에 상처를 입을 수밖에 없어요. 책 몇 권을 연달아 내면서 기대와 낙심을 반복하던 저도 비슷했습니다. 아무것도 쓸 수 없을 것 같은 소위 '글태기'라는 게 찾아왔을 때, 제가 가장 궁금했던 것은 이거였어요.

다들 어떤 마음으로 견디고 버티는 걸까.

작가가 아니어도 누구나 살면서 비슷한 질문과 마주하고 묻게 됩니다.

이제 나는 어찌해야 하는가.

그 질문을 품고, 숱한 계절과 무수한 밤을 견디고 꿈에 다가간 사람들의 이야기를 찾아 읽던 시간이 있었습니다. 혹시나 이 문장 뒤에 난관을 타개할 대단한 방법을 기대하셨다면 죄송합니다. 제가 아는 한 뾰족한 방법 같은 건 없었습니다. 대신 그들에게는 공통점이 있었습니다. 영혼을 잠식하는 불안과 지치지 않고 찾아오는 자괴감과 세상을 향한 원망과 싸우면서도 어쨌든 '계속'했다는 것. 그것이 무엇이든 작은 '시도'라도 멈추지 않았다는 것.

걸어온 길을 돌아보면, 인생을 조금이라도 앞으로 나아가게 만든 건 언제나 저 앞에 무언가가 있는지 몰라도 발걸음을 떼어보던 순간들이었습니다. 기회가 없다면 스스로 만들겠다며 이력서에 방송 모니터, 프로그램 기획, 원고까지 두툼한 자료를 만들어 얼굴도 모르는 방송국 PD들에게 무작정 보내 나라는 작가를 알리던 배짱, 낙타가 바늘구멍을 통과하는 것만큼이나 어렵다는 출판사 투고 앞에서 '눈 밝은 편집자가 반드시 한 사람은 있을 거야' 하며 주먹을 쥐던 의지, 풀리지 않는 문장 앞에서 머리를 쥐어짜며 잠자리에 들다가도 내일은 내일의 내가 해결해 줄 거라고 믿던 막연한 긍정이 있었기에 여기까지나마 올 수 있었던 건지도 모르겠습니다. 그렇다고 아무런 노력 없이 무조건 낙관하는 것을 희망이라고 부르고 싶지는 않습니다. 작은 걸음이라도 꾸준히 내딛기 위해 나를 움직일 마음의 불씨를 어떻게든 지키는 것. 동력을 잃지 않기 위해 체력을 관리하고 소소한 즐거움과 휴식을 내게 선물하는 것. 저는 이제 그 모든 것을 희망이라고 부르고 싶어요.

그러나 또한 알고 있습니다. 내가 닿고 싶은 그 어딘가를 향해 걷는 동안, 언제나 그랬듯 불안과 무력감이 또 찾아올 거라는걸. 나의 최선에도 인생이 몇 번이고 더없이 초라한 결과를 돌려줄 수도 있다는걸. 그래서 더욱, 애쓰는 시간을 사랑해 주고 싶어요. 우리가 다다르고 싶고 이루고 싶은 무언가도 중요하지만, 돌아보면 무언가를 품고 몰두하던 그 순간 자체야말로 인생에서 가장 충만하고 아름다운 시간이었으니까요.

그것을 잊지 않고 싶을 때마다 《노인과 바다》를 다시 읽습니다. 죽은 물고기를 지키기 위해 혼신의 힘을 다해 싸우며 "희망을 버린다는 건 어리석은 일"이라고, "그건 죄악"이라고 말하던 산티아고 노인을 만나기 위해서. 어떤 위기의 순간에도 손을 놓지 않고 분연히 일어서며 "인간은 파멸당할 수 있을지 몰라도 패배할 수는 없어"●라고 말하던 그의 위엄을 보고 싶어서. 인간의 아름다움은 빛나는 성공과 성취에 있는 것이 아니라 '그럼에도 불구하고' 애써 문을 두드리는 '시도'와 멈추지 않는 '계속'에 있다는 걸 마음에 새기기 위해서.

그 모든 마음을 담아, 인생의 모든 페이지가 다할 때까지 우리의 이야기를 계속 써나가길 바라는 마음으로 내 안에 희망의 증거를 모으는 작은 발걸음이 될 질문들을 7장에 준비했습니다. 부디, 앞으로도 빈 페이지를 마주할 때마다 이것이 끝이 아니라 시작임을 기억하며 새로운 페이지를 채워나가시길.

저도 같은 자리에서 온 마음을 다해 당신을 응원하며 저만의 페이지를 채워가겠습니다.

● 《노인과 바다》, 어네스트 밀러 헤밍웨이, 김욱동 옮김, 민음사, 2012.

✳ 계절마다 챙겨야 할 행복한 약속

김신지 작가의 에세이 《제철 행복》에는 24절기에 누릴 수 있는 소소하고 아름다운 행복을 바지런히 챙기는 일상이 담겨있습니다. "바람이 시원해지고 사람들의 옷이 얇아지면" 야외 테이블에 앉아 저녁을 맞이하고, 1년 중 낮이 가장 길어지면 "하지 감자에 보리 맥주"를 마시는 작가의 이야기를 읽고 있노라면 언젠가 읽었던 옛사람들의 운치 있는 문장들이 포개집니다.

"살구꽃이 피면 한 번 모이고, 복숭아꽃이 처음 피면 한 번 모이고, 한여름에 참외가 익으면 한 번 모이고, 초가을 날씨가 서늘할 때 서쪽 연못에서 연꽃이 피면 한 번 모이고, 국화가 피면 한 번 모이고, 겨울철 큰 눈이 내리면 한 번 모이고, 세밑에 화분의 매화가 피면 한 번 모인다. 모일 때마다 술, 안주, 붓, 벼루 등을 준비하여 술을 마시며 시를 읊는 데 불편이 없도록 한다."●

"자네 집에 술 익거든 부디 날 부르시오 / 내 집에 꽃 피거든 나도 자네 청하옴세 / 백년 시름 잊을 일 의논코저 하노라"●●

이 문장들만 봐도 김신지 작가가 책에서 말한 "스스로를 좋은 순간에, 좋은 풍경에 데려가는"●●● 일이야말로 몇백 년 전의 우리 선조들이 가장 잘하는 일 중 하나였다는 걸 알 수 있는데요. 다음 계절에는 다른 무엇보다, 애쓰지 않아도 찾아오는 시간의 선물을 내 것으로 만들 수 있길 바랍니다. 아마도 잘할 수 있을 거예요. 우리 안에는 이미 풍류와 낭만의 정서가 흐르고 있으니까요.

● 정약용, 〈죽란시사첩서(竹欄時社帖序)〉.
●● 김육의 시조, 〈자네 집에 술 익거든〉.
●●● 《제철 행복》, 김신지, 인플루엔셜, 2024.

◐ 새로운 계절이 찾아올 때마다 당신이 '보고 싶은 것, 먹고 싶은 것, 가고 싶은 곳'이 있나요? 그 리스트를 이곳에 소중한 약속처럼 표시해 두세요. 계절마다 나를 기다리는 선물이 매일의 큰 힘이 되어줄 겁니다.

✴ 수고했어요, 오늘도

핸드폰 진동이 울려서 터치해 보니 평소 자주 이용하는 장보기 앱에서 '오늘만 진행되는 가장 좋은 혜택'이라며 보낸 8,000원 쿠폰이 도착해 있었습니다. 평소에 받던 5,000원 쿠폰보다 더 큰 금액이라 '이게 웬 횡재야' 하며 쿠폰 받기를 하려다 네 글자를 발견하고 그만 마음이 뭉클해 졌어요.

'수고했어.'

주문량을 늘리려는 마케팅의 일환일지 모르지만, 그 말이 그렇게 좋고 고맙더라고요. 아마도 듣고 싶었나 봐요. 항상 수고가 많다고, 애썼다고, 잘했다고…. 뭐, 그런 말들이요.

살다 보면 내가 이렇게 종일 동동거리며 애쓰는 걸 누가 알까 싶어 한숨이 나올 때가 있잖아요. 애쓴 만큼 거기에 딱 맞는 결과가 돌아오지 않을 때면 '먹튀'를 당한 것처럼 화가 나기도 하고요. 그렇다고 그때마다 억울한 기분으로 하루를 망치고 싶지는 않은데요.

그때는 이렇게 해보는 건 어떨까요. 오늘 치 작업을 마치고 나면 항상 세상에서 제일 맛있는 초코칩 쿠키 두 개를 자신에게 선물한다는 한 작가처럼, 우리도 때때로 자신에게 보상처럼 작은 선물을 해주는 거예요. 그 선물이 무엇이든, 성실하게 또 하루를 살아낸 당신을 잠시라도 웃게 하는 것이면 참 좋겠습니다.

◉ 열심히 살아가고 있는 자신을 위해 선물을 준비해 본 적이 있나요? 없다면 한번 생각해 주세요. 나에게 어떤 선물을 해주고 싶은지. 누구보다 나를 아끼고 사랑해야 할 사람은 바로 나 자신이니까요.

✷ 우울의 터널을 건너는 법

마음의 날씨도 세상의 날씨처럼 흐렸다 개었다 합니다. 나의 바람과 다른 쪽으로 인생이 자꾸 흘러갈 때, 쉽게 가질 수 없는 것들 앞에서 오래 서성일 때, 애써 지나온 시간 후에 남겨진 것들이 한없이 초라하게 느껴질 때, 누구나 한 번씩 우울의 터널을 지나가게 되고, 때로는 까닭 모를 외로움에 일상이 침식되기도 하지요.

살다가 흐린 날씨처럼 마음의 심연이 찾아올 때 어떻게 다시 터널 밖으로 나갈 수 있을까요? 언젠가 1년 남짓 우울감에 시달리다 무사히 회복한 한 친구가 그때를 돌아보며 이런 이야기를 해준 적이 있어요.

"잠들기 전에 매일 아이들과 오늘의 감사한 일을 하나씩 이야기했어. '미세먼지가 없었다, 아이가 밥을 맛있게 먹어주었다, 보고 싶었던 신간을 도서관에서 발견했다….' 사소한 감사를 생각하니 하루가 잘 보이더라. 하루하루, 매일매일을 잘 보내게 되니 삶 자체도 조금씩 다르게 다가오기 시작했어."

커다란 결심을 하는 대신 그날에 집중하며 마음의 소리에 귀 기울인 결과, 삶은 어느새 저절로 자리를 잡았습니다. 아주 작은 빛을 따라서 걷는 것을 포기하지 않고 끝내 어둠을 벗어나는 사람들의 이야기를 들을 때마다 사람이 아름다운 이유를 깨닫습니다. 그것 또한 참 감사한 일이 아닐 수 없습니다.

◉ 지난 1년 동안, 가장 감사한 일 세 가지를 적어주세요. 그 세 가지를 생각하면 누구에게 가장 먼저 고맙다는 인사를 하고 싶은지도요.

✳ 우리가 꿈꾸는 할머니

학생들은 방학 때 가끔 이런 숙제를 받습니다. '이번 방학 때 하고 싶은 일 스물다섯 가지 적어보기.' 딱히 어려울 것 없어 보이는 이 질문을 의외로 어려워하는 학생들이 있어요. 인터넷 지식 검색 서비스에 이러한 숙제에 대한 도움을 요청하는 글이 꾸준히 올라오거든요. 하고 싶은 게 한창 많을 나이인데 왜 그럴까 싶지만 어릴 때부터 공부와 경쟁에 치여 사는 학생들을 생각하면 이해 못 할 일도 아니죠. 무언가 소원하는 일이 있다고 해도 현실적인 제약에 둘러싸여 있다면 무력한 기분이 들 수밖에 없습니다.

그렇게 자라 어른이 된 우리라고 다를까요. 나이를 먹는다는 건 하고 싶은 일보다 해야 하는 일이 늘어가는 일. 책임과 의무에 휘둘리는 어른들에게 소망을 품는 일은 때로 사치처럼 여겨지고, 삶에 대한 기대와 설렘도 갈수록 줄어듭니다. 바로 그 시점에 어른들은 부쩍 더 늙는 것도 같아요.

하지만 어떤 어른들은 나이가 들어도 꿈꾸는 일을 소홀히 하지 않습니다. 기왕 살아야 한다면 매 순간 행복하고 긍정적으로 사는 게 좋다며, 자신에게 꿈과 용기를 심어주기 위해 소망 목록을 때때로 재정비한다는 70대 '밀라논나' 할머니가 그렇지요. 외화를 더빙 없이 보고 싶어서 영어 공부를 하고, 사랑이 고픈 청소년들을 품어주는 작지만 따스한 단체를 만드는 일을 목표로 여전히 생기 넘치게 살아가는 할머니를 보면 그런 생각이 듭니다. 우리의 남은 날을 구해주는 건 아직 이루지 못한 소원들이 아닐까. 꿈꾸는 것만으로 삶은 어떻게든 더 나은 쪽으로 이어질 테니. 그러니 저의 장래 희망은 이것으로 정할까 합니다. '꿈꾸는 할머니.'

◐ 앞으로 살면서 꼭 한번 해보고 싶은 당신만의 소망 목록 열 가지를 작성해 주세요.

✳ 나를 구원하는 것들

우리가 사는 세상에 매일 맑은 날씨가 이어지지 않는 것처럼 인생에도 때로 먹구름이 끼고 비바람이 불고 태풍이 몰아치는 것 같은 날들이 찾아옵니다. 노력해도 달라지는 게 없는 삶을 더는 참을 수 없고, 백번 생각해도 이해할 수 없는 사람 앞에서 무거운 절망을 느끼고, 거대한 세상에서 먼지처럼 느껴지는 자신을 어떻게 견뎌야 하는지 모르겠는 힘겨운 날들이 누구에게나 있습니다.

어쩌면 '어른'이란 인생의 궂은 날에도 묵묵하게 계속 걸어가는 이를 말하는 건 아닐까요. 햇빛이 쨍한 날만 이어지면 사막이 된다는 것을 아는 그들은 거칠고 매정한 세상에서 자신을 구하는 방법을 아는 사람들일 겁니다. 넘어진 나를 일으키는 방법은 저마다 다르겠지요. 어려운 일 앞에서 제일 먼저 책 속의 문장을 찾는 분도 있고, 언제든 찾아가면 따뜻한 밥 한 끼를 사주는 사람을 찾아가는 분도 있고, 나를 보면 언제든 온몸으로 반가움을 표현하는 반려견의 보드라운 사랑에 마음을 달래는 분도 있을 겁니다.

생각하면 언제든 삶의 온기가 다시 피어오르는 무엇과, 그래도 여전히 세상은 아름답다고 믿게 만드는 누군가가 늘 당신과 함께하기를 빕니다.

◐ 살면서 때때로 찾아오는 좌절과 절망과 분노의 순간에서 빠르게 벗어나는 나만의 방법이 있을까요? 언제 어떤 이유로 그 방법을 찾게 되었는지도 되짚어 볼까요.

✦ 필사하는 밤

가끔 억누르던 공포는 꿈을 덮쳤다. 그런데 나는 이상하게 적어도 아슬아슬 평온을 유지하고 있었다. 이유가 뭘까 생각해봤는데 모차르트 혹은 햇살 때문인 것 같았다. 낚시 의자에 앉아 있던 탓에 종아리와 발이 새까맣게 그을렸다. 우울증의 가장 강력한 치유제. 햇살 그리고 모차르트 어쩌면 섬진강.

(희망)

_《그럼에도 불구하고》, 공지영, 위즈덤하우스, 2020.

✳ 가장 아름다운 인생의 시절은

나이가 들면 무엇보다 거울이 싫어집니다. 그건 옛사람도 비슷한가 봐요. 신계영의 시조 〈탄로가〉에도 이런 문장이 나오거든요.

"사람이 늙은 후에 거울이 원수로다 / (…) / 소년행락이 어제인 듯하다마는 / 어디가 이 얼굴 가지고 옛 내로다 하겠는가"

나이가 들어갈 때마다 이런저런 서러움에 웃음보다 한숨이 많아지면 이제 나의 '리즈 시절'은 이렇게 저물다 끝나는 건가 서글퍼질 수도 있지만, 인생 앞에서 속단은 이릅니다. 《나답게 살고 싶어서 뇌과학을 읽습니다》라는 책에서 읽은 바로는, 인생에서 느끼는 행복감은 이십 대에 들어서며 단번에 떨어지고 40~50대 초반까지 침체한 모습을 보이다가 시간이 지나면 다시 회복해 최고령의 나이가 될 때까지 꾸준히 상승했거든요. 인생의 행복지수를 그래프로 그리면 U자 곡선이 되는 건데, 그것을 증명하듯 스트레스, 불안, 분노의 감정도 젊을 때 가장 강하고 나이가 들면서 서서히 줄었습니다. 그와 함께 긍정적인 정보보다 부정적인 정보에 더 큰 비중을 두는 뇌의 '부정성 편향'도 나이가 들며 점점 감소했고요.●

생각해 보니, 거울을 보면 조금 속상할지라도 이십 대로 돌아가라고 하면 선뜻 그러고 싶지는 않은데요. 아마도 지나간 세월 동안 깨지고 배우며 성숙한 지금의 나를, 내가 생각하는 것보다 더 아끼고 사랑하고 있었나 봅니다.

● 《나답게 살고 싶어서 뇌과학을 읽습니다》, 이케가야 유지, 김현정 옮김, 포레스트북스, 2025.

◐ 예전(이십 대, 삼십 대, 사십 대 등등)의 나보다 지금의 내가 나아지고 좋아진 점이 있다면 무엇일까요? 무엇이 당신을 그렇게 변화시켰다고 생각하는지도 적어주세요.

✱ 언젠가 당신이 나를 떠올린다면

"먼 훗날, 아이들이 두 분을 어떤 부모로 기억해 주길 바라나요?"

예전에 동료 작가 두 분의 북토크 사회를 보다가 이런 질문을 드린 적이 있습니다. 자녀와 함께 보낸 시간을 진술하고 의미 있게 담아낸 그들의 책《단둘이 북클럽》과《육아인 줄 알았는데 유격》을 읽으면서 개인적으로 궁금했거든요. 그들이 생각하는 부모의 자리란 무엇인지, 자녀에게 부모로서 무엇을 주고 싶은지. 잠시 생각에 잠겨있던 두 작가는 이런 대답을 해주었습니다.

"웃기는 사람으로 기억되면 좋겠어요. 저는 아이들이 저 때문에 웃는 게 즐겁고, 또 저를 웃기는 엄마로 여겨주는 게 참 좋거든요."

"늘 곁에 있어주던 사람으로 생각해 주길 바랍니다. 아빠가 언제 어느 순간에도 함께하려고 했다는 걸 아이가 언제나 기억했으면 해요."

따스하면서도 어쩐지 마음 한쪽이 저릿해지는 답들은 제게 사랑에 대한 정의로도 다가왔습니다. 사랑이란 항상 웃게 해주는 것. 사랑이란 항상 곁에 있어주는 것. 두 작가가 부모로서 생각하는 사랑이 먼 훗날의 바람에 담겨있다는 생각이 들었거든요. 그런 생각을 하니 문득 부모에 대해 이런 문장을 쓰고 싶어졌습니다.

'자신이 믿는 사랑을 위해 평생을 바치는 사람, 그것이 바로 부모인지도 모른다.'

◐ 생각하면 마음이 아리지만, 우리는 누구나 언젠가 사랑하는 존재와 헤어질 수밖에 없습니다. 언젠가 내가 멀리 떠난 뒤, 사랑하는 이들이 나를 어떻게 기억해 주길 바라나요?

✳ 인생이 막막할 땐 헤밍웨이처럼

위대한 작가들은 글도 일필휘지로 쓸 것 같지만, 헤밍웨이만 해도 《무기여 잘 있거라》의 결말 부분을 무려 마흔일곱 가지 버전으로 쓴 후에야 최종 문장을 결정했다고 합니다. 자신이 피땀을 흘리며 쓴 글을 마흔일곱 번이나 고치려면 정말이지 하루 24시간도 부족하지 않았을까요? 글쓰기란 결국 자신과의 싸움이자 고도의 인내가 필요한 작업이라는 걸 전해주는 이야기를 들을 때마다 궁금해집니다. 빈 종이 앞에 설 때 드는 막막하고 두려운 마음을 작가들은 어떻게 물리친 것일까.

어느 책에서 본 기억으로, 헤밍웨이는 그럴 때마다 자신이 쓴 글을 다시 읽었다고 합니다. 인고의 흔적이 그대로 담긴 활자들을 보면서 작가는 혹시 이런 생각을 했던 건 아닐까요.

'지난번에도 해냈다면, 이번에도 해낼 수 있다.'

사는 일이 두렵고 겁이 날 때면, 자신이 쓴 작품을 다시 읽으며 용기를 낸 헤밍웨이처럼 지나온 시간을 돌아보며 우리가 해낸 크고 작은 일들을 떠올려주세요. 태권도 품띠를 따던 순간. 떨리는 마음을 이겨내고 무사히 마친 발표. 수십 번 면접에 떨어진 뒤 기어이 들어간 회사. 진통을 24시간이나 견디고 만난 아기.

내가 나인 게 대견하고 자랑스러운 순간들을 잊지 않을 수 있다면, 때때로 흔들릴 수는 있어도 절대 무너지지는 않을 거라고 믿습니다.

우리가 해낸 일들을 떠올리는 것만으로 자신에게 가장 정확하고 따뜻한 위로를 선물할 수 있습니다. 지금까지 살면서 내가 어떻게든 해낸 일들이 있다면 무엇일까요? 내가 나의 엄마가 되었다고 생각하며 작고 사소한 일들까지 하나하나 칭찬해 주세요.

✵ 성공보다 실패가 아름다운 이유

엄마는 평생 꽤 많은 식당을 개업했습니다. 분식집, 백반집, 한바집, 닭칼국숫집, 치킨집, 호텔 한정식집…. 개업을 이토록 자주 했다는 것은 다시 말하면 그만큼 실패를 했다는 뜻이기도 합니다. 그 식당 중 하나가 잘되었다면 엄마는 하나의 식당만 계속 운영했겠지요. 엄마의 요리는 먹는 사람들의 감탄을 자주 불러왔으니 누가 봐도 재능이 부족한 것도, 노력이 모자랐던 것도(성실하지 않았다면 그렇게 쉬지 않고 일을 할 수 없었을 테니) 아닐 거예요. 그렇다면, '에잇, 노력해도 안 되는 인생, 여기까지만 하자' 이러기가 더 쉬웠을 것 같은데, 엄마는 매번 다시 시작했습니다.

어릴 때는 무심히 보아 넘긴 엄마의 시간이 다시 보인 건 어른이 되어 세상이라는 그라운드에서 몇 번이나 넘어진 후였습니다. 넘어질 때마다 고통이 찾아오는데 엄마는 어떻게 매번 그렇게 일어났을까. 쓰린 물음표를 품을 때마다 어딘가에서 들려오는 것 같은 엄마의 답은 이런 것이었습니다.

'멈추면 실패로 끝나지만 계속한다면 그것은 실패가 아니야. 기회와 행운도 계속하는 사람에게 찾아오는 거야.'

한 소설 속 대사처럼 "한 번 더 시도해 보지 않는 게 유일한 실패"● 라고 믿었던 엄마를 떠올리며 생각합니다. 삶의 어떤 아름다움은 그럼에도 불구하고 끌어안고 나아가는 데 있다고. 그 시간에는 어떤 성공하고도 비교할 수 없는 존엄과 품위가 있다고.

저는 앞으로도 인생의 빈 페이지를 마주할 때마다 엄마를 떠올릴 것 같습니다.

- 《하루하루가 이별의 날》, 프레드릭 배크만, 이은선 옮김, 다산책방, 2017.

◐ 한 번도 실패해 보지 않은 인생이 있을까요. 그렇다면 우리에게 중요한 건 '실패의 순간을 어떻게 지나왔고 지나갈 것인가' 하는 데 있겠지요. 그래서 저는 어떻게 성공했냐는 질문 대신 이런 질문을 드리고 싶어요. 실패의 시간 뒤에 끝내 당신을 일으킨 건 무엇이었나요? 그 시간을 통해 당신은 어떻게 변했을까요?

✛ 필사하는 밤

가끔 우리는 스스로를 책임자라고, 혹은 상황을 파악했다고 생각할지도 모른다. 삶은 대개 바로 거기 있지만, 지나친 자기확신에 사로잡힌 우리를 때려눕히는 것이 삶이다. 다행스럽게도 우리가 이런 교훈을 오랫동안 배우고 겪어왔다면 이런 일이 벌어지더라도 견딜 수 있다. 우리는 더 낫게 실패한다. 우리는 자세를 바로잡고, 자기 자신을 추스르고, 다시 시작한다.

(희망)

최고의 순간은 아직 오지 않았다

_ 《계속 쓰기》, 대니 샤피로, 한유주 옮김, 마티, 2022.

✳ 날개를 펼칠 기회가 또 한 번 찾아온다면

우리의 꿈은 계속 변합니다. 어릴 때 꾸었던 꿈을 어른이 될 때까지 품고 사는 사람은 많지 않지요. 어린 시절 꿈의 조각들은, 자라고 어른이 되면서 조금씩 부서져 떨어져 나갑니다. 그 가장 큰 이유 중 하나를 말하라면 '현실'이라는 단어를 먼저 말하겠습니다. 전망이 밝지 않아서, 성공하기가 하늘에 별 따기여서, 남들이 인정해 주는 일이 아니어서, 아무도 지지해 주지 않아서, 꿈보다 먹고 사는 일이 먼저여서, 부모의 기대를 저버릴 수 없어서, 나만 바라보는 가족을 책임져야 해서…. 사람들의 인생에서 수없이 많은 꿈이 그렇게 사라집니다.

가끔은 궁금해요. 우리가 경제적인 걱정을 할 필요도 없고, 책임져야 할 가족도 없고, 주변의 시선을 신경 쓸 일도 없고, 나이도 상관이 없다면 그래도 우리는 지금과 같은 모습으로 같은 일을 하며 살고 있을까. 만약 그 모든 현실에서 벗어나 오로지 내가 하고 싶은 일만 할 수 있는 상황이 온다면 우리는 무엇을 하게 될까요?

그러니까 결국 제가 묻고 싶은 건 이거였는지 모르겠습니다.

당신의 진짜 꿈은 무엇인가요?

◐ 살면서 한 번쯤 생각해 보면 좋겠습니다. 가족을 책임질 필요도 없고, 돈 걱정을 조금도 하지 않아도 되고, 지금의 나이도 문제가 되지 않는다면, 내가 진심으로 원하고 하고 싶은 일은 무엇인지. 내가 꼭 도전해 보고 싶었던 일은 무엇이었는지 이 자리에서 말해볼까요?

✳ 루틴의 힘

훌륭한 작가들에게는 저마다의 루틴이 있습니다.

김훈 작가는 책상 앞에 '필일오(必日五)'라는 글을 붙여놓고 매일 반드시 원고지 5매의 글을 쓰고요. 무라카미 하루키는 달리기로 체력을 관리하며 매일 원고지 20매의 글을 쓴다고 하죠. SF의 대가 브래드 버리는 열두 살 때부터 매일 1,000단어씩을 썼다고 합니다. 자신만의 세계를 일궈낸 이들의 일상을 들여다보면 거기에는 확고한 루틴이 있습니다. 그들에게 있어 루틴은 자신이 원하는 삶을 살고자 하는 하나의 의지이고, 훌륭한 작품은 루틴의 힘을 증명하는 결과물이었던 셈입니다.

우리도 한번 돌아볼까요? 내가 미래의 나를 위해 매일 꾸준히 반복적으로 하는 것이 무엇인지. 혹시나 마땅한 답을 찾지 못했더라도 걱정하지 마세요. 언제나 늦었다고 생각할 때가 가장 빠른 법. 내가 바라는 삶을 위해 무엇을 꾸준히 해나가야 할지 생각하는 지금 이 순간부터 우리의 내일은 분명 달라질 겁니다.

'우리가 반복하는 것이 곧 우리 자신'이라는 말이 있습니다. 당신에게도 매일 조금씩 꾸준히 해온 일이 있나요? 그 일을 언제부터 어떤 계기로 하고 있는지, 루틴을 지키는 데 있어 가장 큰 어려움은 무엇인지 여기에 적어주세요. 아직 루틴을 만들지 못했다면, 앞으로 꾸준히 하고 싶은 일을 다짐처럼 적어주셔도 좋습니다.

✱ 질문하는 사람에게 찾아오는 것

어른이 되고 나면 더는 받지 않는 질문이 하나 있습니다.

"당신은 어떤 사람이 되고 싶은가요?"

어린이와 청소년에게는 숱하게 묻는 질문을 우리는 서로에게 하지 않습니다. 그건 우리도 모르게 어른을 이렇게 정의하고 있기 때문인지도 몰라요. '이미 많은 것이 결정된 사람.' 그런데 정말 그런가요. 이제 어른은 더는 달라질 것이 없을까요?

아이나 어른이나 할 것 없이 인간의 세포는 주기적으로 교체됩니다. 피부 세포는 약 2주에서 4주마다 교체되고, 적혈구는 120일마다 교체돼서 성인 몸의 약 98%의 원자들은 1년 안에 전부 바뀐다고 해요.

과학적으로만 우리가 매일 다른 사람이 되는 건 아닙니다. 인간은 지나간 시간과 경험을 바탕으로 매일 변화하며 성장하는 존재이기도 하니까요. 그런 의미에서 우리는 고정된 존재가 아닌 '되어가는 존재'라고 할 수 있습니다.

그렇다면 우리는 죽을 때까지 계속해서 스스로에게 물어야 하지 않을까요? 나는 내가 원하는 방향으로 살고 있는지, 어떤 세계를 만들고 싶은지, 어떤 자세와 태도로 살아갈 것인지, 어떤 사람이 될 것인지. 그것은 곧 하나의 질문이기도 합니다. 어떻게 살 것인가.

◐ 당신은 어떤 사람이 되고 싶은가요? 삶에서 어떤 태도와 자세를 중요하게 생각하는지, 당신이 이상적으로 생각하는 삶은 어떤 것인지, 그를 위해 어떤 노력을 하고 있는지 찬찬히 돌아보면 좋겠습니다.

✳ 신에게, 해에게, 달에게, 나무에게, 바위에게

기도하는 사람들을 사랑합니다. 종교를 떠나서, 기도하는 사람들에게 보이는 어떤 간절한 마음들이 애틋해요. 삶이 결코 아무렇게나 흘러가게 두지 않겠다는 의지와 생에 대한 열망을 바라보고 있으면 내게 주어진 이 하루를 더 잘 살아내고 싶다는 마음이 듭니다.

예전에 한 토크 프로그램에 나온 박지환 배우의 이야기를 들을 때도 그랬습니다. 오랜 무명 시절 동안 그는 정말이지 특별한 기도를 해왔더라고요. 등산을 많이 다녔는데, 큰 나무나 바위 같은 게 있으면 붙잡고 인사한 뒤 이런 부탁을 했답니다.

"나무 님, 나무 님이 몇 살인지는 모르지만, 나무 님이 가진 기운을 조금만 제게 준다면 저도 누군가에게 도움이 되는 사람이 될게요."

그렇게 간절히 무언가를 바라는 사람은 자신의 삶에 소홀할 리가 없어요. 온 정성을 다해 살아가는 이에게 신이, 우주가 무심할 리도 없겠지요. 그것을 증명하듯 박지환 배우는 지금 너무 잘나가서 눈코 뜰 새 없이 바쁘다고 합니다.

◐ 작가 파울로 코엘료의 유명한 문장이 생각납니다. 우리가 무언가를 간절히 원할 때 온 우주가 우리의 소망이 실현되도록 도와준다는. 요즘 당신의 절실한 소원은 무엇인가요? 박지환 배우처럼 우주의 기를 모으는 마음으로 여기에 그 소원을 적어주세요.

✳ 괜찮아지나요

인생의 어떤 결정 앞에서 수십 수백 번 묻게 되는 말이 하나 있습니다.

"괜찮을까."

회사를 그만둬도 괜찮을까. 다시는 일을 하지 못하게 될 수도 있지 않을까. 엄마가 나서서 아이 친구를 만들어주지 않아도 괜찮을까. 내 무심함 때문에 아이가 외로워지는 건 아닐까. 이렇게 말이지요.

산문집《만질 수 있는 생각》을 보면 이수지 작가는 출판사로부터 축제에 초대를 받고 온갖 걱정에 휩싸입니다. 열흘이나 집을 비워야 하는 일정. 두 돌이 조금 넘은 첫째와 태어난 지 7개월이 된 둘째는 태어나서 한 번도 엄마와 떨어진 적이 없기에 걱정은 태산 같습니다. 젖을 먹다 잠드는 둘째나 하루에 엄마를 3만 번쯤 부르는 첫째를 남편이 혼자 돌볼 수 있을까, 정말 괜찮을까. 그런 아내의 등을 밀어주며 "에브리띵이즈언더컨추롤"을 외쳐주던 작가의 남편 덕분이었을까요? (크고 작은 어려움은 있었겠지만) 다음에도, 그다음에도 이수지 작가는 "가서 또 숨을 쉬고 올게, 성장해 올게!"● 하고 일을 하러 떠나지요.

머릿속에서 수백 번 시뮬레이션을 돌리며 걱정으로 지새운 밤들이 무색하게, 시간이 이만큼 지나서 보니 괜찮았던 일들이 생각해 보면 우리에게도 많습니다. 그 기억에 기대어 오늘도 세상과 인생을 향해 한 걸음 내디디며 이렇게 말해봅니다.

"다 괜찮을 거야. 또 괜찮아질 거야."

● 《만질 수 있는 생각》, 이수지, 비룡소, 2024.

◐　당신에게도 그런 경험이 있을 거라 생각합니다. '이래도 괜찮을까' 망설이고 불안해하며 발걸음을 뗐지만 걱정과 다르게 별일 없이 지나간 어떤 시간들 말입니다. 그때, 당신의 '괜찮을까'에는 어떤 걱정이 담겨있었을까요? 그 시간을 지나고 나서 깨달은 것이 있다면 무엇일까요?

✚ 필사하는 밤

열심히 해도 안 되는 일은 버리자

멋대로 하지 말았어야 했던 일과
뜻대로 고집했어야 하는 일 사이를
오가는 후회도 잊자
그 반대도 잊자

오래된 상처는
무딘 발뒤꿈치에 맡기고
허튼 관계는
손끝에서 빨리 휘발시키자

빠르게 걸었어도
느리게 터벅였어도
다 괜찮은 보폭이었다고
흐르는 시간은 언제나
옳은 만큼만 가고 왔다고 믿자

어떤 간이역도 다 옳았다고 믿자

(희망)

최고의 순간은 아직 오지 않았다

_《사랑하면 할 수 있는 일》(가제, 재출판 예정) / 구 《카프카식 이별》, 〈12월의 시〉, 김경미,
　문학판, 2020.

내 삶의 소중한 순간들을 엮은 단 하나의 앤솔러지
삶은 문장이 되어 흐른다

1판 1쇄 인쇄 2025년 10월 1일
1판 1쇄 발행 2025년 10월 29일

지은이 박애희
펴낸이 고병욱

기획편집2실장 김순란 **책임편집** 조상희 **기획편집** 권민성
마케팅 황혜리 황예인 권묘정 이보슬 **디자인** 공희 백은주
제작 김기창 **관리** 주동은 **총무** 노재경 송민진 서대원

펴낸곳 청림출판(주)
등록 제2023-000081호

본사 04799 서울시 성동구 아차산로17길 49 1010호 청림출판(주)
제2사옥 10881 경기도 파주시 회동길 173 청림아트스페이스
전화 02-546-4341 **팩스** 02-546-8053

홈페이지 www.chungrim.com **이메일** life@chungrim.com
인스타그램 @ch_daily_mom **블로그** blog.naver.com/chungrimlife
페이스북 www.facebook.com/chungrimlife

ⓒ 박애희, 2025

ISBN 979-11-93842-52-2 13190

※ 이 책은 저작권법에 따라 보호를 받는 저작물이므로 무단 전재와 무단 복제를 금합니다.
※ 책값은 뒤표지에 있습니다. 잘못된 책은 구입하신 서점에서 바꾸어 드립니다.
※ 청림Life는 청림출판(주)의 논픽션·실용도서 전문 브랜드입니다.